Alfons Schweiggert
Ja, lachen Sie nur!

Alfons Schweiggert

Ja, lachen Sie nur!

Die schönsten
Karl-Valentin-Anekdoten und -Witze

Verlagsanstalt »Bayerland« Dachau

Verlag und Gesamtherstellung:
Druckerei und Verlagsanstalt »Bayerland« GmbH
85221 Dachau, Konrad-Adenauer-Straße 19

Titelbild: Alfons Schweiggert

Alle Rechte der Verbreitung (einschl. Film, Funk
und Fernsehen) sowie der fotomechanischen Wiedergabe und des
auszugsweisen Nachdrucks vorbehalten.

© Druckerei und Verlagsanstalt »Bayerland« GmbH
85221 Dachau, 1996

Printed in Germany · ISBN 3-89251-223-X

Inhalt

Vorwort oder Vor-Artikel	7
Valentin und ...	
die Kindheit und Jugend	13
die Leut	16
allerhand Sachn	23
Valentin und ...	
die Frauen	29
Kinder	32
der Alltag	33
Valentin und ...	
die Komik	34
die Kunst	40
die Musik	45
Valentin und ...	
das 3. Reich	48
der 2. Weltkrieg	52
der 1. April	54
Valentin und ...	
die Viecher	56
die Pflanzen	60
das Wetter	63
Valentin und ...	
die Gegend	65
der Verkehr	69
das Reisen	76
Valentin und ...	
Nachrichten	78
Geld	81
Eigenheiten	82

Valentin und . . .
   die Berufswelt 83
   Essen und Trinken 86
   Festtage 92

Valentin und . . .
   die Philosophie 95
   Krankheiten 98
   der Tod 103

Valentin und . . .
   Valentinwitze 105

Literatur 118

Vorwort

Was würde Valentin dazu sagen? Vielleicht folgendes: »Eigentlich ist ein Vorwort ein Blödsinn. Ein Vorwort ist nämlich nur ein Wort – und von einem einzigen Wort auf der ersten Seite eines Buches hat der Leser überhaupt nichts.« Also, sagen wir passender, ich schicke dem Buch einen Vor-Artikel voraus. Damit wäre sicher auch Karl Valentin nicht ganz uneinverstanden.

Vor-Artikel

Anekdoten sind meist humorvolle, witzige Kürzestgeschichten, die unter anderem das Charakteristische aus dem Leben eines bekannten Menschen aufscheinen lassen. Sie werden zunächst nur weitererzählt und nicht aufgeschrieben, bis sie schließlich doch, um nicht in Vergessenheit zu geraten, schriftlich niedergelegt werden. Dies geschieht nicht selten erst nach dem Tod des betreffenden Menschen. Zwar wird bei der Anekdote im Gegensatz zum Witz auf die Echtheit eines Gesprächs oder eines Geschehens Wert gelegt. Es mischen sich dennoch stets wahre Begebenheiten mit Episoden, die nachträglich für diese Person erfunden wurden, aber als reale Geschehnisse ausgewiesen werden.
Hannes König, einer der fleißigsten Valentinanekdotensammler, meinte dazu: »Alle (Anekdoten) sind gleichwertig, wenn sie präzise, dechiffrierend und treffend sind.« Und für jene, die daran zweifeln, zitiert er noch, was Goethe einmal zu Eckermann sagte: »Es stimmt zwar nicht alles, aber so schön Erfundenes sollte man nicht nachprüfen.« Noch rigoroser äußerte sich Voltaire, der selbst gern Anekdoten erzählte. Er wurde einmal von

dem mißtrauischen Abbé Velly gefragt, woher er die eben erzählte Anekdote habe. »Was liegt daran«, entgegnete Voltaire, »ob eine Anekdote wahr oder erfunden ist? Wenn man schreibt, um die Leser zu unterhalten, kommt es da so sehr auf eine gewissenhafte Wahrheit an?« Die für dieses Buch zusammengetragenen Anekdoten wurden entgegen der voltaireschen Einstellung dennoch nach bestem Wissen und Gewissen ausgewählt, um eine größtmögliche Authentizität zu erreichen, aber es ist nicht ausgeschlossen, daß etliche Begebenheiten darunter sind, die nicht völlig der Wahrheit entsprechen, obwohl sie so durchaus hätten passieren können.

Zu dem kleinen Kreis der Valentinanekdotensammler zählen im wesentlichen fünf Menschen. Da ist zunächst einmal Valentins Partnerin Liesl Karlstadt, die infolge der engen Zusammenarbeit etliche Vorfälle mit Valentin zu erzählen wußte. Ihr gleichrangig zur Seite steht Bertl Böheim-Valentin, die Tochter des großen Komikers. Sie lebte über dreißig Jahre mit ihrem Vater in Planegg zusammen, und viele der Geschichten sind ihrer Erinnerung zu verdanken. Auch in den Aufzeichnungen von Valentins ältester Tochter, Gisela Freilinger-Valentin, finden sich einige Episoden. Von Valentins Komikerkollegen Weiß Ferdl ist nur eine Anekdote überliefert. Hannes König, der Valentin noch persönlich kannte, gründete das Valentin-Musäum in München. Zu ihm kamen später viele Privatpersonen und erzählten ihm interessante Erlebnisse, die sie mit dem Valentin hatten.

»Zu den wenigen Menschen«, schrieb Liesl Karlstadt, »die Valentin besonders mochte, gehörte Gusti Grunauer-Brug.« Auch sie notierte in einem kleinen Büchlein viele selbsterlebte Szenen. Erwin Münz, der »Geschriebenes von und an Karl Valentin« publizierte, veröffentlichte ebenfalls eine kleine Sammlung von Anekdoten. Natürlich sind einzelne Valentingeschichten auch von anderen Autoren überliefert, so von den Schriftstellern Wilhelm Hausenstein, Ernst Hoferichter und Kurt Wilhelm, ebenso von Valentins zeitweiliger Partnerin Anne-Marie Fischer, von dem Regisseur Erich Engels und von dem Fotografen Karl Kurt Wolter.

Immer wieder finden sich in bayerischen Witzsammlungen vereinzelt Witzgeschichten, die Valentin zugeschrieben werden. Inwieweit sie Authentizität besitzen, ist besonders schwer nachzuweisen, zumal sich viele ähnlicher Pointen bedienen, wie sie auch in Valentins Stücken und Szenen zu finden sind. Aus diesem Grund werden die Valentinwitze am Ende dieses Buches separat aufgeführt, dies auch deshalb, weil Valentin eine ausgeprägte Abneigung gegen Witze hatte, die ihm zugeschrieben wurden. Dennoch sollen sie in diesem Band nicht fehlen.
Die große Anzahl der Valentingeschichten läßt sich auf die ausgeprägte Fähigkeit des Komikers zurückführen, seine alltägliche Umgebung als Bühne zu erleben, in der er sich ohne Scheu skurril und wunderlich verhalten konnte. Viele dieser Episoden sind durchaus geeignet, demjenigen, der sie liest, Valentins eigentliches Werk, das immer noch nicht das ihm zustehende breite Interesse gefunden hat, näherzubringen. Friedrich Nietzsche sagte einmal: »Mit drei Anekdoten kann man das Wesen des Menschen bestimmen.« Mit der Reichhaltigkeit dieses Buches wird das um so leichter gelingen.

München, im Herbst 1996   Alfons Schweiggert

»Und nun begann der Anfang.«

Karl Valentin

Valentin und die Kindheit und Jugend

Kindheit
Jemand fragte Valentin, ob er eine schwere Kindheit gehabt habe. Valentin schüttelte den Kopf: »Für mich als Kind war alles kinderleicht.«

Der Lehrer
Über seinen Lehrer wußte Valentin nur zu sagen, daß er großes Pech mit ihm gehabt habe. »Wissen S', der hat überhaupt nichts gwußt. Immer hat er mich gfragt, aber alles hab i ihm aa net sagn mögen.«

Die Fledermaus
Worin unterscheidet sich Johann Strauß vom jugendlichen Valentin? Valentin gab die Antwort selbst: »Strauß hat ›Die Fledermaus‹ komponiert, ich hab sie als Kind nur gefangen.«

Der Schutzengel
Als »junges Kind« hantierte Valentin viel mit gefährlichen Explosivstoffen. Jahrzehnte später seufzte er noch oft: »Liebes Schutzengelein, ich bedanke mich noch nachträglich bei dir für deine treuen Dienste. Ohne dich und deine beschützenden Flügel hätte niemand über Karl Valentin gelacht.«

Ein mageres Kind
Valentin war als Kind so mager, daß er gleich nach der Geburt »wie eine Salami ausgschaut hat«. »Und trotzdem«, so Valentin, »war mein Vater stolz auf mich, der mag die fetten Kinder selber nicht, und grad deshalb, weil ich so mager bin, drum *mag-er* mich so gern. Er sagt, *Vetter* kann ich noch immer werdn, wenn amal mei Schwester heirat.«

Der Pudel
1890 band der kleine Valentin einem Seidenpudel einen Feuerwerksknallfrosch an den Quastenschwanz, den er entzündete. Der Hund raste davon und ward nie mehr gesehen. Noch in späteren Jahren plagte Valentin das schlechte Gewissen. Deshalb gab er bekannt: »Der ehrliche Finder wird gebeten, das Rassetier abzugeben. Belohnung: ein kleines Valentinbüchlein.«

Das Kinderbuch
Valentin berichtete von seiner Kindheit: »Als junges Kind las ich einmal einen wunderschönen Roman. Der hieß: ›Die vierzig Bankdirektoren‹.« Die Zuhörer waren ratlos. »Also, ich kenne nur ›Ali Baba und die vierzig Räuber‹«, sagte einer. »Ja, genau, des Buach moan i«, bestätigte Valentin.

Drachensteigen
Als Kind bastelte Valentin einen Drachen, an den er Knallfrösche und Kanonenschläge band, die beim Start entzündet wurden, so daß es den Drachen dann in der Luft zerfetzte. Valentin freute sich, daß der Drachen »entzwei, entdrei, entvier« ging. Nur ein Wunsch des Lausbuben ging nicht in Erfüllung: »Schön wär's, wenn ma unsern Schullehrer hinhänga könntn.«

Lehrzeit
Den jungen Valentin schickte der Vater zum Schreinermeister Hallhuber nach Haidhausen in die Lehre. Doch Valentin blieb nicht lange bei dieser Arbeit. Eines Tages entwendete er in der Schreinerei einen Nagel. Diesen schlug er in die Wand und hängte daran seinen Beruf auf, um danach Komiker zu werden.

Erinnerung
Im Alter von 49 Jahren seufzte Valentin: »Wia die Zeit vergeht – jetzt san's genau 49 Jahr, seit i geboren bin, i siech mi no wia heut.«

Der Unterschied
Valentin erklärte den Unterschied zwischen Kindheit und Erwachsenenalter so: »Als Kind hab i mit am Kasperl gspielt – heut spiel i an Kasperl. Des is ein gewaltiger Unterschied.«

Valentin und die Leut

Die Auskunft
Am Stachus in München sprach ein Fremder Valentin an: »Sie, wie weit ist es denn von hier bis zum Hauptbahnhof?«
Valentin meinte: »Wenn Sie so weitergenga wie bisher, nacha san's 40000 Kilometer. Aber wenn S' Eahna umdrahn, ham S' bloß fünf Minuten zum gehn.«

Handschlag
Am Marienplatz traf Valentin einen Freund. »Servus, Valentin! Ja, wia geht's denn?« »Griaß di, Sepp!« »Ja, wos is, kriag i heit koa Hand?« »Freili! Da, hast alle zwoa, kannst da oane raussuchn.«

Das Glockenspiel
Zu einem Touristen, der am Münchner Marienplatz das Glockenspiel fotografierte, meinte Valentin: »Warum knipsen Sie jetzt das Glockenspiel? Hören können Sie's ja doch nicht daheim.«

Acht Uhren
Jemand fragte Valentin vor dem Petersturm in München: »Warum sind denn da acht Uhren angebracht, zwei übereinander an jeder Seite?« Der Komiker erinnerte an den regen Fremdenverkehr in der Stadt und meinte: »Damit zwei Leute gleichzeitig feststellen können, wie spät es ist.«

Die Frage
Ein Mann sprach Valentin an: »Sie, da fällt mir etwas ein, was ich Sie schon lange fragen wollte.« Darauf der Komiker: »Fragen S' nur, ich wollt Ihnen schon lange drauf antworten.«

Die Warteschlange
Valentin drängelte sich bei einer Warteschlange nach vorne. »Hinten anstellen«, schimpften die Leute. Da fragte Valentin: »Wo is denn hinten? Bei der Wurst woaß ma des nie. Am besten, Sie drahn se um, na bin i hinten.«

Rauferei
Valentin und ein Bekannter wurden nachts von zwei Betrunkenen angerempelt. Der Bekannte verlor sofort die Beherrschung. »Du wirst doch nicht raufen wollen«, beruhigte ihn der Komiker, »schau, die sind zu zweit und mir san alloa.«

Verärgert
Als jemand Valentin ärgerte, bekam der von ihm zu hören: »Wissen S' was, an Ihnen gehört die erste Ohrfeigenmaschine, die erfunden wird, ausprobiert.«

Das Gespräch
Bei einem Gespräch kam Valentin kaum zu Wort. Schließlich unterbrach er den anderen und raunzte: »Wenn i mit Eahna red, dann red i! Und wenn i mit Eahna red, ham Sie nix z' redn. Was ham S' gsagt?«

Verstand
Ein Mann stellte Valentin folgende Frage: »Stimmt es nach Ihrer Meinung, daß der Verstand erst mit dreißig Jahren kommt?« »Na ja, so hoaßt's zwar«, gab der Komiker zu, »aber wenn ma Sie so anschaut, dann san Sie vui jünger, wia Sie ausschaun.«

Erinnerung
Eine Schauspielerin war enttäuscht, daß Valentin noch nichts von ihr gehört hatte. »Ich bin doch schon seit fünf Jahren hier am Theater.« »So, so«, meinte Valentin, »dann ist alles klar! Da kann ich Sie ja überhaupt nicht kennen. Ich erinnere mich nämlich nur vier Jahre zurück.«

Füße
Ein Bekannter klagte Valentin: »Ich weiß gar nicht, was das ist, daß mir immer die Füße einschlafen.« »Des wundert mich gar net«, spöttelte der Komiker, »in Ihrer Gesellschaft.«

Lachen
In einer lustigen Runde war Valentin der einzige Ernste. »Geh, lachen S' doch aa a bisserl«, forderte ihn einer auf. »I dank Eahna schön«, meinte der Komiker, »i hab vorhin scho glacht.«

Lügen
Einmal trug Valentin besonders dick auf. »Ach«, winkte einer der Zuhörer ab, »Sie lügen uns doch ins Gesicht.« »Ja mei«, fragte Valentin, »wohin soll ich denn sonst lügen?«

Unverschämt
Was Valentin in seinen Stücken sagte, hätte er so auch im Leben gesagt. So hätte er beispielsweise einem Unverschämten ins Gesicht geschleudert: »Wir lassen uns das nicht gefallen! Sie sind auf uns nicht angewiesen, aber wir auf Sie, das müssen Sie sich merken!«

Der Streit
Valentin sagte bei einem Wortwechsel zu seinem Kontrahenten: »Sie Ochs!« Der brauste auf: »Was haben Sie da eben gesagt?« Valentin wiederholte: »Sie Ochs!« »Dafür bringe ich Sie vor Gericht!« drohte der Beleidigte. Da meinte Valentin: »Aber lassen Sie mich doch mal den Satz ganz aussprechen. Ich wollte doch bloß sagen: Sioux-Indianer sind ausgestorben.«

Der Riese
Valentin hörte einmal von einem Mann, der so groß sei, daß er seine Zigarre an der Straßenlaterne anzünden könne. Da meinte Valentin: »Des is gar nix. Ich hab mal einen Riesen kennengelernt, der hat niederknien müssen, wenn er sich am Kopf hat kratzen wollen.«

Höfliche Drohung
Zu einem eleganten Mann, der Valentin anpöbelte, sagte der Komiker in höflichem Ton: »Wenn Sie frech werden, dann werde ich mir erlauben, Sie zu beohrfeigen.«

Die Einladung
Valentin lud einen Bekannten für Sonntag zum Mittagessen ein. Der Geladene erschien pünktlich. Valentin empfing ihn mit Hut und Mantel. Der Bekannte meinte verwirrt: »Aber du hast mich doch neulich für heute zum...« »Unmöglich«, fiel ihm Valentin ins Wort, »daß i des gsagt hab, wo i jetzt doch ins Wirtshaus geh!« Und mit diesen Worten verließ er das Haus.

Der Besuch
Als Valentin ganz früh am Morgen einen Besuch machte, entschuldigte er sich: »Ist's Ihnen vielleicht gar zufällig ein bisserl zu früh, so früh schon in der Früh?«

Geh weiter
Valentin kannte Hermann Leopoldi recht gut. Als er einmal zu Besuch zu ihm kam, schlug Valentin nach der Begrüßung vor: »Geh weiter, redn ma gleich von was anderm.«

Das Mitbringsel
Bei einem Besuch brachte Valentin ein Päckchen Baseler Lebkuchen mit und sagte zur Gastgeberin: »Da hab i Eahnare Töchter a paar Lebkuacha mitbracht. Da kriagat i zwoa Mark achtzge von Eahna.«

Die Ausladung
Das Ehepaar Hoferichter war zu Valentin eingeladen. Es nahm die damals beschwerliche Fahrt nach Planegg auf sich und stand endlich vor dem Haus des Komikers. Erst nach mehrmaligem Läuten öffnete Valentin das obere Fenster und rief nach unten: »Ja, was ist los?« Ernst Hoferichter antwortete: »Herr Valentin, wir sind heute bei Ihnen eingeladen.« Valentin rief nach unten: »Davon woaß i nix.« »Ja, was sollen wir nun machen«, fragte Hoferichter betreten, »sollen wir wieder heimfahren?« Darauf Valentin: »Ja, des werd des Beste sein.«

Kurzvisite
Valentin machte einen Besuch. Die Hausfrau öffnete. »Fürchtn S' Eahna net«, beruhigte sie Valentin, »i geh glei wieder, weil i bloß fünf Stund Zeit hab.«

Drei statt zwei
Valentin erwartete einmal im Winter zwei Besucher. Diese aber brachten noch einen dritten Bekannten mit und entschuldigten sich dafür bei Valentin. Doch der meinte nur: »Ja, mir macht des nix aus, bloß i hab nur für zwoa Persona Feuer gmacht.«

Sehr wichtig
Als Valentin und Liesl Karlstadt bei einem Besuch erfuhren, daß die Dame des Hauses nicht da sei, seufzte die Liesl: »Ja, des is jetzt dumm, es wär nämlich sehr wichtig.« »Ja«, nickte Valentin, »wenn's nämlich nicht so wichtig wär, wär's gar net so wichtig.«

Die Verspätung
Valentin und Liesl Karlstadt verspäteten sich bei einem angesehenen Komponisten, der sie zum Tee eingeladen hatte, um ganze zwei Stunden. Zehn Minuten, nachdem der Gastgeber gegangen war, trafen die beiden doch noch ein. Die Frau des Hauses bedauerte, daß sie den Hausherrn gerade verpaßt hätten. Da meinte Valentin: »Macht nix! Dann kommen wir halt morgen um die gleiche Zeit wieder, nur zehn Minuten früher.«

Die Haustürglocke
Valentin besuchte jemanden und ließ dessen Türglocke zwölfmal hintereinander schrillen. Eilig stürmte der so Aufgeschreckte zur Tür. »Ich hab extra meinen Namen geläutet, K-a-r-l-V-a-l-e-n-t-i-n, damit Sie gleich wissen, daß ich's bin.«

Willkommen
Über der Haustüre hängte Valentins Familie in Erwartung eines lieben Besuchs das Schild »Willkommen«. Da meinte er: »Hoffentlich will er, sonst sollten wir besser ›Mußkommen‹ schreiben.«

Vorstellung
Valentin begrüßte einen Professor einmal ehrerbietig mit den Worten: »Verzeihen Sie vielleicht bitte vielmals um Entschuldigung, wir kennen uns zwar nicht, aber wir können uns ja nachher möglicherweise kennenlernen, wenn wir mehr oder weniger allein sind.«

Zeugen
Bei einem Gespräch mit dem Regisseur Rolf Raffe waren auch Valentins Frau, seine Tochter und seine Näherin im Zimmer zugegen, »weil ich Zeugen brauch, was Sie mit mir da vereinbaren«, erklärte Valentin. Raffe machte den Komiker daraufhin aufmerksam, daß seine Frau und seine Tochter im Ernstfall nur beschränkte Zeugen seien, die Näherin allerdings nicht. Da schimpfte Valentin: »Ja, was fällt Ihnen denn ein, so eine Frechheit, meine zwei Weiber sollen beschränkt sein. Und unsere Näherin, die blöde Kuh, nicht?«

Die Gesuchte
Valentin besuchte einmal in München-Pasing eine Bekannte und plauderte mit ihr in der Küche, auf einem Hocker sitzend. Unvermutet fragte er: »Wo ist denn d' Leni?« Die Frau wußte nicht, welche Leni er meinte. Sie fragte ihren Mann, der aber auch keine Leni kannte. Daraufhin baten beide, die Gesuchte etwas genauer zu beschreiben. »Ja mei«, sagte da der Komiker, »ich mein halt die Stuihlehni (Stuhllehne) von dem Hocker da, auf dem ich sitz.«

Der Empfang
Als der Schauspieler Wastl Witt mit seiner Frau den Kollegen Valentin in Planegg besuchte, öffnete der Komiker auf das Klingeln hin das obere Fenster und warf einen Fußabstreifer hinab, wobei er die Anweisung gab: »D' Füaß abputzn und den Abstreifer wieder mitraufbringa!«

Der Dank
Als zu Valentin ein Kollege kam, der kurz zuvor über ihn geschimpft hatte, meinte Valentin: »Ich hab's schon erfahren, daß du über mich herzogen bist. Das ist jetzt der Dank dafür, daß ich dir vielleicht einmal 100 Mark hätt leihen wollen.«

Valentin und allerhand Sachn

Das Taschentuch
Valentin ging einmal ins Kaufhaus. Die Verkäuferin erkundigte sich nach seinen Wünschen. »Ja mei«, meinte Valentin, »i suachat ein Taschentuch für eine Person.«

Die Galoschen
Ein Mann vermißte seine Galoschen und glaubte, sie bei Valentin vergessen zu haben. Er rief ihn an. Valentin sagte: »Ja, zwei Galoschen san da.« Sofort suchte der Mann trotz des strömenden Regens Valentin auf, um die Galoschen zu holen. »Welche Galoschen?« fragte Valentin. Der Mann erwiderte: »Aber am Telefon haben Sie doch gesagt, daß die beiden Galoschen bei Ihnen sind.« »Ja«, meinte Valentin, »des san aber die meinen. Wenn Ihre auch da wären, dann wären's ja vier gwesn.«

Das Augenglas
Einmal trug Valentin eine Brille. Seine Partnerin Liesl Karlstadt sah genau hin und rief: »Aber die hat ja gar keine Gläser!« Da sagte Valentin: »Immer noch besser als gar nix.«

Der Meterstab
Valentin hatte sich wieder einmal einen Meterstab gekauft. Als er gefragt wurde, wofür er ihn benötige, meinte er: »Den brauch ich für mein Haus in Planegg. Da muß ich die Türlöcher abmessen, ob sie mir nicht zu weit sind, weil ich so mager bin.«

Das Namensschild
Valentin hatte an seiner Wohnungstür außen kein Namensschild, aber innen. »I muaß nämlich selber wissen, wo i wohn«, erklärte er.

Der Hut
Valentin schaute sich in einem Hutgeschäft nach einer Kopfbedeckung um. Der Verkäufer fragte: »Sie wünschen einen Hut? Wie soll er denn sein?« Darauf erwiderte Valentin: »Möglichst außen schwarz und innen hohl.«

Der Mantel
In einem Biergarten setzte sich ein Herr im Mantel an den Tisch, wo Karl Valentin saß. Der Komiker musterte ihn eine Zeit lang und deutete dann auf ein Wölkchen am Himmel: »Sie haben ganz recht mit dem Mantel. I moan allwei, daß's heuer noch zum Schnein kimmt.«

Der Strohhut
Valentin berichtete einem Bekannten: »Gestern hätt i bald oan mit am Strohhuat gsehn.« »Was heißt da ›bald‹?« wollte der andere wissen. »Entweder Sie ham oan gsehn oder net.« Da erklärte ihm Valentin: »Na ja, i hab gestern oan gsehn, der an Filzhuat aufghabt hat, der so wia a Strohhuat ausgschaut hat, aber koana gwesn sei ko, weil ma doch erst Dezember ham.«

Der Schlüssel
Ein Bekannter erzählte Valentin, daß er seine Hausschlüssel vergessen habe. Der Komiker griff in die Tasche und holte seine Schlüssel heraus. »Nehmen S' meine, i geh heut eh net hoam.«

Zwei Meterstäbe
Valentin verlangte in einem Werkzeugladen einen Meterstab. Als ihm der Verkäufer einen brachte, meinte Valentin: »Geben S' mir noch einen!« Der Verkäufer fragte: »Ja, reicht Ihnen denn einer nicht?« Darauf Valentin: »Doch, schon. Den zweiten brauch ich nur, um den ersten zu messen, ob er auch wirklich einen Meter lang ist.«

Das Zündholz
Valentin zündete sich in einem Café eine Virginia an. Das Zündholz hielt er unschlüssig so lange in der Hand, bis er sich fast die Finger verbrannte. Im letzten Moment ließ er das Streichholz in seinen Tee fallen. Entschuldigend sagte er: »Ich kann doch wegen so einer Bagatelle net d' Feuerwehr alarmieren.«

Die Brille
Liesl Karlstadt traf eines Tages Valentin in mißgelaunter Stimmung an. »Warum bist du denn so grantig?« fragte sie. »Ach ja«, stieß Valentin hervor, »ich hab mei Brilln verlegt und jetzt kann ich sie net suchn, bis ich sie gfundn hab.«

Das Glas
Als Valentin einmal ein Glas aus der Hand rutschte, schimpfte er: »Wer hat bloß die Schwerkraft erfunden, dem möcht ich amal mei Meinung sagn. Muaß denn des sei?«

Am Telefon
Valentin hatte mit der Frau des Schriftstellers und Regisseurs Kurt Wilhelm telefoniert. Als er sie dann zum ersten Mal sah, meinte er: »Am Telefon ham Sie aber ganz anders ausgschaut.«

Dias
Die Sekretärin des Alber-Verlags holte bei Valentin glasgerahmte Dias ab. Valentin ermahnte sie: »Gelln S', Fräulein, Sie lassen de net zu oft falln!«

Das Loch
Valentin entdeckte ein Loch in seiner Hose. Verlegen zupfte er daran herum, bis seine Frau vorwurfsvoll fragte: »Also, wie soll ich jetzt des wieder richtn?« Da meinte Valentin kleinlaut: »Mit Benzin gang's scho raus«.

Das Notenheft
In der Musikalienhandlung Hieber blätterte Valentin in einer Partitur. Plötzlich begann er zu schniefen. Als sich die Verkäuferin besorgt erkundigte, was ihm fehle, meinte Valentin: »Mir nix. Aber des Musikstück in Es-Dur da hat vier Kreizl, und da muaß i allwei an den Friedhof denkn und woana.«

Ordner
Als Valentin einmal in einem Regal Rücken an Rücken Leitz-Ordner stehen sah, fragte er die Sekretärin: »Haben Sie so viele Mäus? Alles ogfressn!« Dabei zeigte er auf die Grifflöcher der Ordner.

Schuhbänder
Als der Komiker Albrecht Valentin besuchte, kam dieser an die Tür und hielt einen Bund Schnürsenkel in der Hand. Albrecht starrte entgeistert darauf. Da erklärte ihm Valentin: »Ja, woaßt, zu mir kommen allweil Hausierer mit Schuhbandln. Dene zoag i dann, wieviel i scho hab.«

Sauerstoff
Ein Chemiker erzählte Valentin, daß der Sauerstoff erst im 18. Jahrhundert entdeckt worden sei. »Ja so was«, staunte der Komiker, »und von was haben die Leut dann früher glebt?«

Die Tabakspfeife
Valentin wollte eine Tabakspfeife kaufen. Er probierte zu diesem Zweck an die zwanzig Pfeifen, wobei er sich jede in den Mund steckte. Der Verkäufer fand das unappetitlich. »Ja sagn S'«, begehrte Valentin auf, »wo soll ich's mir denn hinstecken, wenn net in Mund nei?«

Die Waage
In einem Münchner Eisenwarengeschäft verlangte Valentin »eine Kartoffelwaage für junge Kartoffeln«. Die Verkäuferin war ratlos. Da führte sie Valentin ans Schaufenster und sagte: »Da haben S' doch a junge Kartoffelwaage ausgestellt.« Dabei deutete er auf eine Briefwaage.

Das Radio
Valentin wollte ein kürzlich gekauftes Radiogerät umtauschen. Der Verkäufer fragte, was er denn zu beanstanden habe. »Ja mei«, schimpfte Valentin, »des saudumme Geschwätz den ganzen Tag, des aus dem Radio kommt!«

Der Ring
Als Valentin einmal einen Ring verloren hatte, war ihm das völlig unbegreiflich: »Wie das gegangen ist, ist mir heut noch ein Rätsel, denn acht Tag vorher hab ich ihn doch noch ghabt. Also hat der Ring neun Tag braucht, bis er verlorengegangen ist!«

Die Straße
Zu einem Bekannten, der Valentin erzählte, daß er in der Grasserstraße wohne, meinte der Komiker: »Ah, i woaß scho – des is die Straß, die über d' Hackerbrückn führt. Die hätt i scho amal kaufn könna. Aber i hab s' net gnomma, weil i koan Platz dahoam ghabt hätt.«

Der Salzstreuer
Als Valentin in einem Lokal versehentlich ein Salzstreuer entglitt und auf dem Steinboden zerbrach, erklärte er der herbeieilenden Bedienung: »'s Büchsl zahl i, aber 's Salz net, des is no ganz.«

Die Standuhr
Einmal war Valentin die Taschenuhr gestohlen worden. Daheim hatte er allerdings noch seine Standuhr im Speisezimmer stehen. »Wenn ich jetz am Morgen außer Haus geh«, erzählte er, »dann schau i mir mei Standuhr recht lang an – recht lang, damit i mir die Zeit für den ganzen Tag merkn tua . . .«

Der Spiegel
Einmal suchte ein Mann Valentin in dessen Garderobe auf. Beim Weggehen wollte der Besucher noch rasch seine Krawatte in Ordnung bringen und er fragte den Komiker: »Bitte darf ich in Ihren Spiegel hineinschauen?« »Natürlich«, meinte Valentin, »aber Sie müssen auch wieder rausschauen.«

Valentin und die Frauen

Die Schönheit
Valentin wurde einmal mit einem bildhübschen Mädchen bekannt gemacht. Blauäugig und schwarzhaarig stand das anmutige Geschöpf vor ihm. »An wen erinnern Sie mich jetzt?« sinnierte der Komiker. »Ah, jetzt hab ich's, an König Ludwig.« Damit meinte Valentin den Märchenkönig Ludwig II., den er sehr verehrte.

Die Dame
Valentin wurde von einem flüchtigen Bekannten angesprochen: »Sie, Herr Valentin, ich hab Sie gestern mit einer Dame gesehen. Wer war denn das?« »Ach«, meinte der Komiker, »das war meine ehemalige Zukünftige.«

Weibergeschichten
Einmal wurde Valentin von der Mutter der bekannten Zeichnerin Franziska Bilek gefragt: »Herr Valentin, Sie müssen in Ihrem Leben schon ein bisserl ein Bazi gewesen sein, was die Frauen betrifft. Wieviel habn S' denn schon unglücklich gmacht?« Valentin drehte die Augen zur Zimmerdecke und fing an zu rechnen. Dann gestand er: »Ja, so dreitausendmal werd's scho gwesen sein.«

Je öfter, desto besser
In einem Gespräch behauptete ein Bekannter: »Es ist doch so, je öfter man etwas sieht, desto besser versteht man es dann.« Valentin widersprach: »Des is net wahr. Viele Ehepaare beispielsweise sehen sich fast täglich und verstehen sich doch alle Tage noch weniger.«

Läuse
Valentins Frau und seine Tochter Bertl wurden im Krieg einmal von Läusen befallen, während Valentin selbst davon verschont blieb. Daraufhin verspottete Valentin die beiden Frauen als seine »lausigen Weiber«.

Die Frau da
Valentin sagte zu einem Besucher: »Geh, möchtn S' net so guat sei und in d' Küch 'nausgehn und dera Frau sagn, de wo bei mir wohnt, sie möcht mir a Limonad reinbringa.« Mit »dera Frau« meinte Valentin niemand anderen als seine eigene.

Die Ehefrau
Valentin traf einen Bekannten, der ihm erzählte, daß er jetzt verheiratet sei. Er zeigte dem Komiker eine Fotografie seiner Angetrauten. Der betrachtete das Bild eine Weile schweigend und meinte dann: »Wenn's nur glücklich seids.«

Eifersucht
Einmal soll Valentins Eheweib der Liesl Karlstadt, auf die sie eifersüchtig war, aufgelauert haben, um ihr tätlich zu zeigen, wer die erste Geige spiele. Als sie auf die Liesl losging, sammelten sich sofort neugierige Passanten um die beiden Streitenden. Da ging Valentin dazwischen und rief den Neugierigen zu: »Bitte weitergehen, Filmaufnahme!«

Scheidung
Ein Bekannter gestand Valentin, daß er sich mit seiner Frau überhaupt nicht mehr verstehe, weshalb er an Scheidung denke. »Ach was«, schlug Valentin vor, »wenn ihr euch nimmer verstehts, dann müßts halt lauter redn miteinander.«

Dicke Sehnsucht
Karl Valentin war zwar mit einer schlanken Frau verheiratet, fasziniert aber war er besonders von zentnerschweren Wallküren. Die Schönheit einer Frau, meinte er einmal, fange für ihn erst ab zwei Zentnern an. In Berlin soll er um 1930 zu einer dieser vollschlanken Damen eine engere Beziehung aufrechterhalten haben. Als er jedoch erfuhr, daß die Treulose auch zu anderen Männern enge Kontakte pflegte, löste er die Verbindung. Zum Abschied schenkte er ihr ein Radio, einen sogenannten Volksempfänger, mit der Bemerkung, dies sei das passende Geschenk für sie, da sie doch das ganze Volk empfange.

Valentin und Kinder

Wachstum
Zum Vater des späteren Münchner Schriftstellers Sigi Sommer sagte Valentin, als er den kleinen Buben sah: »Ein kleines Kind ist halt gar nicht groß. Man muß den Buben auf ein Wachstuch legen, damit er endlich wachsen tut.«

Erkennungszeichen
Ein junger Mann, den Valentin einmal als Kind gesehen hatte, wurde ihm mit den Worten vorgestellt, ob er ihn noch kenne. Valentin schaute ihn scharf an und meinte dann: »Ja freilich, die gleiche Krawattn hat er scho vor 25 Jahr tragn.«

Die Zwillinge
Karl Valentin und Liesl Karlstadt entdeckten in einem Kinderwagen Zwillinge. »Mei«, rief da Liesl Karlstadt, »san die liab. Und wia sie sich gleichschaun!« »Ja«, sagte Valentin, »besonders der linke.«

Mißgeschick
Valentin holte seine Enkelin Anneliese häufig vom Kindergarten ab. Als er einmal ein paar Tage nicht gekommen war, fragte ihn die Kindergärtnerin besorgt, was ihm denn gefehlt habe. Da erklärte ihr Valentin: »Ich hatte eine Augenbrauenentzündung.« »Ja, wie des?« wollte die Frau wissen. »Ich bin mir mit den Stiefelspitzen drauftreten«, erklärte der Komiker. »Gell, was es net alles gibt!«

Nachwuchs
Dem Ehepaar Grunauer-Brug gratulierte Valentin aus Berlin zur Geburt einer Tochter: »Herzlichen Glückwunsch zum neugefertigten Kind«, schrieb er. »Sie haben ja ganz vergessen, zu erwähnen, ob Ihr Kind noch a Säugling ist. Ist's ein junger Säugling?«

Valentin und der Alltag

Aufstehn
Valentin wurde von jemandem gefragt: »Wann stehen Sie denn auf, Herr Valentin?« Der Komiker antwortete: »Um 7 Uhr 96 Minuten.«

In der Früh
Als Valentin einmal am frühen Morgen seinen Hut aufsetzte, meinte er zu seinem Bekannten, der ihn abholte: »Weißt, daß ich ihn nicht vergeß heut abend zum runtertun, wenn ich ins Bett geh.«

Am Vormittag
»Guten Abend«, grüßte Valentin einmal am Vormittag gegen elf Uhr einen Bekannten. »Aber es ist doch erst elf Uhr«, wunderte sich der. »Was?« staunte Valentin, »dann geht meine Uhr schon wieder vor.«

Die Zeitfrage
Valentin wird von einem Bekannten nach der Uhrzeit gefragt. Da fährt ihn der Komiker an: »Hörn S' doch mit der ewigen Fragerei auf, Sie haben mich doch schon vorige Woch amal gfragt!«

Mitten in der Nacht
Einmal rief Valentin seine Partnerin Liesl Karlstadt in der Nacht an und fragte: »Entschuldige, schlafst du schon?« Liesl Karlstadt verneinte, worauf sie der Komiker anfuhr: »Des brauchst mir net sagn, sonst tät ich dich ja net redn hörn.«

Valentin und die Komik

Kurzschluß
Valentin hatte recht eigene Vorstellungen über seine Auftritte vor Publikum. »Bei einer Aufführung ist das Schönste ein Kurzschluß«, äußerte er einmal. »Da sieht ma d' Leut nimma lacha, was oan eh allerweil drausbringt, und d' Leut hörn oan doch.«

Freikarten
Als Valentin einmal gefragt wurde, warum er mit Freikarten so sehr geize, meinte er: »Weil i vom Bäcker auch kein Freibrot kriag.«

Der Bleistift
Valentin schrieb gern mit kleinen Bleistiftstummeln. Liesl Karlstadt wollte ihm einmal einen neuen Bleistift schenken. Doch Valentin lehnte ab: »Woaßt, Liesl, mit am langa Bleistift fallt mir nix ein.«

Schuhplattln
Valentin war als Bühnenkünstler ein vielseitiger Mann. Wenig bekannt ist allerdings eine geheime Leidenschaft. »Eigentlich«, gestand er einmal, »wollt ich ja Schuhplattler werden. Aber bei meine dürren Füaß tät i ja allweil daneben haun.«

Die Karlstadt
1911 traf Valentin Liesl Karlstadt, die als Soubrette noch Elisabeth Wellano hieß, und machte sie zu seiner Partnerin, indem er ihr gestand: »Fräulein, zu a Soubrettn san S' z' dick, aba mir zwoa passatn z'samm.«

Ein besonderer Verein
Einmal erzählte Valentin, daß er schon früher Theater gespielt habe.« Das war in einem De..., wie hoaßt ma des gleich? – so ein Verein, wo keine Berufsschauspieler sind, sondern nur Bräutigame, naa, naa, net Bräutigame, Liebhaber mein ich ... ja: Deliquentenverein!« Als man ihn korrigierte: »Sie meinen Dilettantenverein«, widersprach der Komiker: »Tanten waren da keine dabei. Da habn mir das Märchen aufgeführt ›Schneewittchen und die sechs Geißlein‹.«

Kleine Bühnen
Valentin trat gerne auf kleinen Bühnen auf. Er begründete dies so: »Naa, in große Theater mog i net auftretn. Da kimm i mir so kloa vor. So kloane Theater san für mi grad recht, da is ma aa schneller hinter de Kulissn, wenn was net stimmt.«

Die Fischer
Als Valentin seine Partnerin Anne-Marie Fischer traf, blieb ihm buchstäblich das Wort im Hals stecken. Er drückte das so aus: »Zerst sagte sie nix mehr, dann i nix mehr, und dann wechselten wir das Thema und schwiegen von was anderem ...«

Das Publikum
Zu seinem Kollegen Rank sagte Valentin einmal: »Schaun S', mit dem Publikum is des so: es braucht uns nicht, außer während der Vorstellung. Wir brauchen es aber schon vor der Vorstellung an der Kasse. Des is des Dumme an der Sach.«

Theaterkrise
Als um 1929 die Besucherzahlen in den Theatern stark zurückgingen, gab Valentin folgende Begründung an: »Ja mei, daß d' Leut nimma ins Theater genga, liegt da dran, daß die Kartn was kostn. Was moanan S', wie die Theater jedn Tag voll wärn, wenn s' nix verlanga tätn wia bloß an Eintritt?«

Die Kritik
Valentin las eine Kritik Wilhelm Hausensteins und protestierte: »Da sehn S' selber, wie die Zeitungen lügn. Da steht – i bin ein Bruder des Don Quichotte. Und i kenn den nicht einmal!«

Feilen
Valentin las in einer Kritik, daß er an seinen Stücken noch feilen müsse. »So ein Blödsinn«, schimpfte er, »der des gschriebn hat, hat koa Ahnung von einer Feile. Da schaugatn meine Stückl nachher ja sauber aus!«

Sonderwunsch
Eines Abends war der Schauspieler Emil Jannings im »Monachia« zu Gast. Er bat Valentins Bühnenkollegen Hans Blädel, er solle den Komiker bewegen, anstelle der vorgesehenen Szene des »Fliegers« die des »Geigenvirtuosen« zu spielen. Doch Valentin beauftragte Blädel: »Gehst naus und sagst an schöna Gruaß, er soll mich am Arsch leckn! Der spielt doch im Kino für mich aa nix anders, wenn ich des will!« Blädel beschönigte diese Botschaft mit der Notlüge, eine Programmänderung sei wegen fehlender Requisiten leider nicht möglich.

Der Müller und sein Kind
Besonders gerne besuchte Valentin das Rührstück »Der Müller und sein Kind« von E. Raupach. Ernst Hoferichter gegenüber äußerte er dazu: »I woaß net, wia de Leut bei so am Stück lacha kenna. Entweder glaubn die net, daß's Geister gibt oder de warn no nia bei der Nacht auf einem Friedhof.«

Das sterbende Moor
Der Schriftsteller Otto Ehrhart-Dachau, der Valentin sehr verehrte, schickte ihm sein neues Buch »Das sterbende Moor« mit Widmung. Valentin schrieb ihm: »Sehr geehrter Herr Ehrhart! Ich danke schön für das schöne Buch, habe aber leider keine Zeit, dasselbe zu lesen. Schicken Sie mir doch bitte ein gelesenes Exemplar.«

Der Schluß
Einmal schrieb Valentin gerade den Schluß eines Stückes. Als ihn seine Tochter Bertl fragte, zu welchem Stück denn der Schluß gehöre, antwortete er: »Des woaß i no net . . . des muaß mir erst no einfalln.«

Niemals
Einmal seufzte Valentin nachdenklich: »Ich möcht um keinen Preis bei mir engagiert sein, wenn ich selbst Direktor wär.«

Die Komikergage
Einem Theaterdirektor verkündete Valentin unmißverständlich: »A Komikergage nimm i fei koane!« Der Direktor fragte, was er unter einer »Komikergage« verstehe. Darauf Valentin: »Damit moan i a lächerliche Gage.«

Die Gage
Als Valentin mit dem Direktor einer Bühne wegen seiner Gage zu verhandeln begann, sagte der energisch: »Nein, Herr Valentin, das können Sie mit mir nicht machen. Ich bin nicht so dumm, wie ich ausschaue.« »Ah geh«, meinte Valentin, »des hätt i jetzt net glaubt. Da können S' aber froh sein.«

Die Leiter
In der Garderobe des Deutschen Theaters berichtete Valentin den Kollegen: »Gestern hab i a Leiter fabriziert.« Einer erkundigte sich, ob er ihm nicht auch eine Leiter machen wolle, seine Frau wünsche sich schon lange eine. »Wieso?« wollte Valentin daraufhin wissen, »san Sie mit am Laubfrosch verheiratet? Schaun S', i mach doch bloß Leitern für Laubfrösch.«

Im Gärtnertheater
Valentin schilderte betroffen einen Unfall, der ihm zugestoßen war: »Stelln S' Eahna vor, gestern bin i über die Treppen im Gärtnertheater runtergstürzt. Maustot kannt i sei. Dreißig Stufn hat die Stiagn. Ein Glück, daß i auf der untersten gstandn bin.«

Das Panoptikum
Im Panoptikum, dem Vorläufer des Valentin-Musäums in München, waren skurrile Gegenstände ausgestellt. Nach der Eröffnung verschickte Valentin an viele Leute Postkarten mit folgendem Text: »Aufforderung – Da Sie es bis heute noch nicht der Mühe wert fanden, den neuen ›Karl Valentin Grusel- und Lustkeller‹ zu besuchen, fordern wir Sie hiermit auf, sofort zu kommen. (Bitte 60 Pfennig mitbringen!) Sollten Sie binnen acht Tagen nicht kommen, sind wir verpflichtet, so lange zu warten, bis Sie unser neues Unternehmen besuchen werden.«

Ideenlieferant
Der Kabarettist Hans Reimann verwendete bei seinen Auftritten bedenkenlos Valentins Pointen und Ideen. Als Valentin einmal von ihm eingeladen war, sagte er: »Dankeschön, daß Sie mich durch die Haustür reinlassen.« Reimann verstand diese Anspielung nicht. Valentin wurde deutlicher: »Ich hab denkt, daß ich bei Ihnen durch den Lieferanteneingang rein muß.«

Lustig
Einem Verehrer, der von Valentins Lustigkeit schwärmte, gestand der Komiker: »Mei, i könnt scho no vui lustiger sein, aber i will ja net, daß sich die Leut totlachen.«

Der Zuschuß
Karl Valentin bat die Stadt München um einen Zuschuß von 1000 Mark für das »Panorama International«, eine Altmünchner Vergnügungsstätte. Der Brief endete mit den Worten: »Sollte die Stadt sich weigern, obigen Betrag zu genehmigen, bin ich leider gezwungen, mit meiner Bitte einen Fehltritt begangen zu haben ... Einen Zwang erlaube ich mir vorläufig noch nicht auszuüben.« Der Zuschuß wurde verweigert.

Das Drama
Als man Valentin sein Drama »Ritter Unkenstein« erstmals als Manuskript zur Lektüre überreichte, wehrte er erschrocken ab: »Um Gottes willen: wenn i les, was da alles gschriebn is, was i alles auswendig wissen soll, na trau i mich nimmer spieln!«

Der Wunsch
Der Regisseur Rudolf Franke wollte 1923 Valentin an die Münchner Kammerspiele engagieren. Valentin lehnte ab. Da lockte ihn Franke mit einer ansehnlichen Gage und dem Versprechen, daß der Theatermeister ihm jeden Wunsch erfüllen würde. Das reizte Valentin, und er bestellte sich sofort einen Zentner Zement ins Theater. Der Sack war kurz darauf zur Stelle, wurde jedoch von dem Komiker nie benutzt und stand noch monatelang danach im Weg. Valentin aber nahm daraufhin das Engagement an den Münchner Kammerspielen an.

Kommissär
Als Valentin einmal deprimiert war, seufzte er: »Ich hätt kein Komiker werdn solln. Ich hätt viel mehr Talent ghabt zu einem Kommissär, denn wenn ich abends ausgeh, *komm i sehr* spät heim.«

Valentin und die Kunst

Kunst
Valentin wurde wieder einmal als Künstler gefeiert. Da meinte er: »Was die Leut allerweil nur mit dera Kunst habn. Wenn ma's ko, is's ja koa Kunst, und wenn ma's net ko, is's erst recht koane.«

Die Modenschau
Als Valentin von einer Modenschau kam, meinte er: »Sachen gibt's heut zum Anziehn, des kann man sich alles gar net merkn. Einer hat, glaub ich, a Hosen mit am Schillerkragn vorgführt und auf'm Kopf hat er an Huat mit lange Ärmel aufghabt.«

In der Pinakothek
Beim Anblick der Aktgemälde von Rubens in der Münchner Pinakothek rief Valentin aus: »Jetzt versteh ich endlich, warum des Pi-nackert-thek hoaßt.«

Farben
Der Maler Julius Hüther, der Valentin öfter porträtierte, erzählte dem Komiker einmal von der großen Bedeutung der Farbe. »Ja, ja«, zog Valentin das Resümee, »Farben san wichtig, bsonders wenn Sie einen Neger malen. Kein Mensch könnte sonst den Neger als Neger erkennen.«

Die ferne Geliebte
Valentin besuchte mit seiner Tochter Bertl einmal eine Gemäldegalerie. Vor einem abstrakten Gemälde mit dem Titel »Die ferne Geliebte«, das ein Frauenporträt mit zwei verschobenen Gesichtshälften zeigte, sagte Valentin nach langem Betrachten: »Da kann ein Mann ja nur von Glück sagen, wenn so eine Geliebte fern ist.«

Der Akt
Die »zaundürren« Akte des Münchner Malers Fritz Blum gefielen Valentin gar nicht. Er bat den Künstler deshalb: »Fritz, mal mir doch amal a ganz a schwere, net unter zwoa Zentner.« Blum fand das Modell dazu in einem Chor, den Knappertsbusch leitete. Mia, so hieß die füllige Dame, ließ sich nur von hinten malen. Als Blum Valentin den fertigen Akt brachte, war der zwar begeistert, nahm das Bild aber aus Angst vor seiner Partnerin Liesl Karlstadt, die ihm das übelgenommen hätte, nicht an. Blum brachte es daraufhin in den Münchner Glaspalast. Als der später durch Feuer zerstört wurde, verbrannte auch das Aktgemälde.

Der Zeichner
Ein namhafter Zeichner erklärte Valentin, es gäbe nichts, was er nicht zeichnen könne. »So, so«, staunte der Komiker, »dann zeichnen Sie mal ein Stück Aluminium.«

Das Porträt
Als ein angesehener Münchner Maler Valentin bat, ihm zu einem Porträt Modell zu sitzen, schlug der Komiker vor: »Wissen S' was, i schenk Eahna a Postkartn von mir, na braucha S' mi net maln.«

Baupläne
Bei einem Architekten erkundigte sich Valentin, ob er nicht ein Haus mit vier Sonnenseiten bauen könne. Als der Mann meinte, das sei unmöglich, machte der Komiker einen Vorschlag: »Des ging aber schon, wenn des Haus nämlich drehbar wär wie ein Karussell.«

Bertolt Brecht
Auf Bert Brechts Einladung besuchte Valentin dessen Stück »Trommeln in der Nacht«. Als ihn Brecht anschließend nach seinem Urteil fragte, meinte Valentin: »Interessieren tät's mich, wia des wär, wenn man des ganze Stück von hint nach vorn gspuit hätt.« Später ergänzte Valentin noch: »Ja, wissen S', bei diesen modernen Stücken muß einer einen zum Schluß der Vorstellung packen und sagen: Sie, es ist Schluß.«

Berühmt
Ein Bewunderer Valentins sagte zu dem Komiker, als er mit ihm bekannt gemacht wurde: »Eine große Ehre, Herr Valentin, einem so berühmten Mann vorgestellt zu werden.« Dazu meinte Valentin nur: »Wenn i in mein Geldbeutel neischaug, merk i nix, daß i berühmt bin.«

Der Verehrer
Valentin saß einmal in seinem abgeschlossenen Hotelzimmer, als ein Verehrer klopfte. Der Komiker rührte sich nicht. »Herr Valentin«, rief da der Mann, »ich weiß doch, daß Sie da sind. Ihre Schuhe stehen vor der Türe.« »Ja, meinen Sie«, ließ sich da der Komiker vernehmen, »i hab nur oa Paar Schuah? I bin net da!«

Die Biographie
Karl Valentin sagte zu Karl Kurt Wolter, der ein Buch über ihn schreiben wollte: »Gehn S' weiter, da reicht doch leicht a Abreißkalender, außerdem soll ma de Leit net so vui verraten, sonst kommen s' nimmer in meine Vorstellungen.«

Inkognito
Valentin wollte von den Leuten in Ruhe gelassen werden. Deshalb mied er Menschenaufläufe. Als ihn jemand fragte, ob er denn nicht inkognito gehen könne, meinte er: »Schwer. Ich bin mir selber zu ähnlich. Ich könnte höchstens als mein Zwillingsbruder gehen.«

Ich bin es nicht
Ging Valentin in München spazieren, wurde er oft erkannt. »Das ist doch der Valentin!« Einmal erwiderte der Komiker: »Naa, naa! Der bin i net! I bin sei Bruada, da Kardinal.«

Das Denkmal
Ein Verehrer Valentins sagte ihm, daß er ihn eines Denkmals für würdig hielte. Da winkte Valentin ab: »Naa, naa, des kimmt bei meiner Läng vui z'teuer.«

Notizen
Als Liesl Karlstadt Valentin in einer Wirtschaft wissen ließ, daß sie sich von nun an alle seine Äußerungen notieren wolle, sprach Valentin kein Wort mehr. Sogar die Bestellungen erledigte er pantomimisch. Liesl Karlstadts Notizzettel blieb leer.

Die lieben Münchner
Als Valentin nach dem Krieg nicht mehr gefragt war, schrieb er seinem Freund, dem Kiem Pauli: »Ich habe meine lieben Münchner und meine Bayern kennengelernt. Alle anderen, mit Ausnahme der Eskimos und der Indianer, haben mehr Interesse an mir gehabt als meine Landsleute.«

Schminken
Bei einer Filmaufnahme mit Weiß Ferdl zum Beiprogramm der Filmreihe »Der Tobistrichter« fehlte nur noch Valentin. Als er endlich kam, rief der Regisseur ungeduldig: »Ja, wo bleiben Sie denn, Herr Valentin? Es ist höchste Zeit, daß wir beginnen. Sie müssen sich aber noch schminken.« Da fragte Valentin: »'s Gsicht?«

Verspätung
Einmal verspätete sich Valentin zu einer Filmaufnahme um eine Stunde. Gereizt schimpfte der Regisseur: »An Ihrer Stelle wäre ich gleich gar nicht mehr gekommen!« Darauf Valentin: »Ja, Sie! Aber unsereins hat ja ein Verantwortungsbewußtsein.«

Der Filmproduzent
Valentin und Liesl Karlstadt waren zu einem Filmproduzenten bestellt. Er wartete schon, als ihn plötzlich gellende Piffe aufschreckten. Er rannte zur Tür und riß sie auf. Davor standen die beiden Komödianten. Als der Produzent fragte, was denn die Pfeiferei solle, deutete Valentin auf das Schild: »Bitte nicht klopfen«.

Der neue Film
Valentin wurde von einem Regisseur gefragt: »Wie hat Ihnen denn mein neuer Film gefallen?« »Mei«, äußerte Valentin, »er hätt schlechter sein kenna«. Der Regisseur war daraufhin eingeschnappt. Sofort verbesserte sich Valentin: »I wollt sagn, er hätt net schlechter sein kenna.«

Im Kino
Valentin wollte sich einen Film ansehen, in dem er selbst mitgespielt hatte. An der Kinokasse erfuhr er, daß nur noch teure Plätze frei seien. »Was? Oa Mark fünfzig? Naa, des bin i mir in dem Film net wert.« Und schon war er gegangen.

Aufgehängt
Für eine Filmaufnahme wurde Valentin auf dem Oktoberfest mit Hilfe eines Flaschenzuges an einem schmalen Riemen um den Leib zwanzig Meter hochgezogen. An seinen Beinen zappelte außerdem noch Liesl Karlstadt. Bald schnitten die Riemen den Komiker derart ein, daß er schließlich nur noch wimmern konnte: »Halt! Halt! Höher geht's nimmer!«

Valentin und die Musik

Der Opernfreund
Valentin fragte einen Bekannten: »Ham Sie jetzt die Oper, die grad gspuit werd, scho gsehn? Schneewittchen und die sieben Zwerge heißt's. Eine wunderschöne Musik.« »Sie meinen wohl Lohengrin?« »Ja, richtig«, gab Valentin zu, »i hab mich täuscht. Aber die Musik is trotzdem sehr guat, des müssen S' doch zugeben.«

Das Textbuch
Bei einer Lohengrin-Aufführung wurde Valentin vom Logenschließer das Textbuch angeboten. Der Komiker winkte ab: »Naa, dankschön, heit sing i net mit.«

Die Staatsoper
Valentin und Liesl Karlstadt bestaunten einmal die wuchtigen Säulen der Münchner Staatsoper. »Ja, woaßt«, sagte Valentin, »für so große Künstler, wia da drin spielen, müssen die Säulen ja so hoch sei. Für uns zwoa tät d' Hälfte leicht glanga.«

Die Vierte
Valentin kam einige Minuten zu spät in den Konzertsaal und fragte den livrierten Einlaßdienst, was gerade gespielt werde. »Die Vierte von Beethoven.« Valentin zog seine Taschenuhr heraus, warf einen Blick darauf, schüttelte den Kopf und brummte: »Was, die Vierte scho?«

Die Neunte
Als Valentin von einem Bekannten hörte, daß er neulich die Neunte Symphonie gehört habe, meinte er: »Na ja, da san S' selber schuld, wenn S' so spät komma san.«

Der Tenor
Liesl Karlstadt schwärmte einmal von der Sangeskunst eines Tenors. »Mei«, brüstete sich Valentin, »wenn i aa so a schöne Stimm hätt, na tät i no vui schöner singa wia der.«

Das Notenblatt
Als Valentin ein Notenblatt nicht finden konnte, meinte er mißmutig: »Des muaß i verlegt ham. I bin der reinste Verleger.«

Die Zither
Valentin spielte Zither. Plötzlich gab es einen Mißklang. Der Komiker unterbrach sein Spiel, ließ sich einen Meterstab geben und maß unbeholfen an dem Instrument herum. »Na ja«, sagte er plötzlich, »koa Wunder, sieben Zentimeter! Des hört ma natürlich scho!«

Lohengrin
Einem Bekannten erzählte Valentin einmal: »Vorgestern bin ich mit meiner Oma in der Oper ›Lohengrin‹ gewesen. Gestern nacht hat sie die ganze Oper nochmal geträumt. Des wenn ich gwußt hätt, hätten wir erst gar nicht hingehen brauchen.«

Die Saite
Im Weinlokal Ketterl war Valentin Stammgast. Dort hatte er auch eine Zither aufbewahrt, auf der er bisweilen spielte. Als er sie wieder einmal hervorholte, sah er, daß eine Saite gerissen war. »Ausgrechnet die Saitn is grissn«, schimpfte der Komiker, »auf der i heut spieln wollt. Die andern 40 helfn mir gar nix.«

Die Stradivari
Einmal schnitt Valentin ganz gewaltig auf: »Gestern hätt i a billige Stradivarigeign kaufen könna. Aber i hab s' net gnommen. Wer garantiert mir, daß da koa Holzwurm drin is?«

Die Trompete
Valentin wollte bei dem Münchner Instrumentenbauer Schöpf am Radlsteg eine »ungoldene« Trompete kaufen. Schöpf fragte, was er denn damit meine. Darauf Valentin: »Ja, a solchane halt, wia S' im Fenster draußn liegn ham – aus Messing.«

Das Klavier
Valentin wollte sich ein Klavier anschaffen. Man zeigte ihm eines für 3000 Mark. Zu teuer. Auch Klaviere für 2500, 2000 und 1000 Mark kamen nicht in Frage. Erst ein Modell für 600 Mark sagte Valentin zu. »Es wäre recht«, meinte er, »wenn es auf Abzahlung ginge – so ungefähr 50 Pfennig im Vierteljahr.« »Aber Herr Valentin«, lachte der Verkäufer, »da zahlen Sie ja 300 Jahre lang, wie wollen Sie denn das schaffen?« »Ganz leicht«, meinte da Valentin lässig.

Das schwierigste Instrument
Einmal behauptete Valentin: »Das schwierigste Instrument ist die Trommel.« Als ihm jemand widersprach und meinte, daß auch Geigenspielen nicht leicht sei, unterbrach ihn der Komiker: »Lassen S' mich doch ausredn, das schwierigste ist doch das Trommeln, wenn keine Trommel da ist! Dann wird es wirklich schwierig.«

Kreuze
Von einem Musiker ließ sich Valentin einmal die Bedeutung der Kreuze in Partituren erklären. »Ein Kreuz bedeutet G-Dur«, meinte der Mann, »zwei Kreuze D-Dur und drei Kreuze A-Dur.« »Und vier Kreuze«, wollte Valentin wissen. »E-Dur«, war die Antwort. »Und 100 Kreuze?« Darauf wußte der Musiker keine Antwort, aber Valentin: »Das ist ein Friedhof.«

Valentin und das 3. Reich

Inflation
1923 traf der Weiß Ferdl den Valentin. »Du, hast scho ghört? Der Dollar steht auf einer Milliarde sechshundert Millionen fünfhundertfünfzigtausend Mark!« Darauf Valentin: »Mehra is er aa net wert.«

Der Hauptmann
Valentin spielte gern mit Worten. So sagte er einmal: »Man könnte auch statt ›Herr Hauptmann‹ ›Herr Kopfmann‹ schreiben, denn statt Haupt sagt man ja auch Kopf.«

Wahlen
Im Hinblick auf Wahlen äußerte Valentin einmal: »Am sichersten wär's halt, wenn ma sein Wahlzettel acht Tag nach der Wahl abgebn könnt. Na wissat ma scho, wer die Stimm no braucht.«

Nix
Valentin wurde bei Anbruch des 3. Reiches gefragt, was er den dazu sage. Da meinte er: »I sag nix. Des werd ma doch no sagn derfa.«

Millionen
Ein alter Nazi versuchte auch Karl Valentin für Adolf Hitler zu begeistern. Valentin wollte nicht so recht. Da rief der Bekannte: »Geh, Valentin, sei doch net so deppert! Schau dich doch um, Millionen verehren den Hitler, Milliooonen!« »Millionen vielleicht«, antwortete Valentin nachdenklich, »aber zoag mir oan oanzign!«

Bonzen
Über das 3. Reich äußerte sich Valentin vorsichtig: »Früher herrschten bei uns die Ultramontanen, und was ham ma ghabt? Bonzen. Dann sind nach der Revolution die Marxisten kemma, und was ham ma ghabt? Bonzen. Dann san endlich die Nationalsozialisten kemma. Und was ham ma heit? Mittwoch.«

Die neuen Machthaber
Zu Beginn des 3. Reichs wurde Valentin gefragt: »Und, was sagen Sie zu den neuen Machthabern?« Valentin antwortete: »Was soll i sagn? Jetzt san eben die anderen die anderen.«

Der Führer
Als Valentin einmal Hitler persönlich begegnete, sagte der Führer zu ihm: »Über Ihre Reden habe ich schon oft gelacht.« Valentin entgegnete ihm: »Des is jetzt gspaßig, über Eahnane Redn hab i no nia glacht.«

Heil
1935 stand Valentin in einem Wirtshaus auf, streckte den rechten Arm hoch und rief: »Heil –!« Er ließ den Arm sinken, hob ihn dann wieder hoch und rief: »Heil –!« Er ließ ihn wieder sinken und schlug sich mit der Hand vor die Stirn. Dann sagte er: »Ich kann mir den Namen einfach net merken.«

Hitler
Ein anderes Mal sinnierte er über den Führer: »Der Hitler hat Glück ghabt, daß er nicht Adolf Kräuter ghoaßn hat, sonst hätt ma immer ›Heil Kräuter‹ schrein müassn.«

Volksabstimmung
Nach der »Volksabstimmung« im April 1938 traf Valentin einen Bekannten. Der fragte: »Und was sagen Sie jetzt dazu? 98 Prozent für Hitler!« »Ja, komisch«, murmelte Valentin, »i triff überall nur die zwei Prozent.«

Der Globus
Als Hitler Amerika den Krieg erklärte, sahen einige Bekannte Valentins auf dem Globus nach. Sie deuteten auf die riesigen Flächen von Amerika und Rußland. Da fragte Valentin: »Und Deutschland, wo liegt denn das?« Einer nahm Valentins Finger und tupfte ihn auf einen kleinen Punkt Europas. Erschrocken fragte er: »Ja, weiß denn das der Hitler?«

Dachau
Valentin kannte auch das Konzentrationslager Dachau. Zu einem Bekannten meinte er einmal: »Stell dir einen ganz großen Platz vor. Und um den Platz eine hohe, zwei Meter dicke Mauer. Und um die Mauer einen ganz tiefen Graben. Und um den Graben ein breiter, elektrisch geladener Stacheldrahtverhau. Und auf der Mauer stehen Maschinengewehre. Und zwischen diesen Maschinengewehren patrouillieren schwerbewaffnete SS-Männer. – Aber wenn ich will, komme ich doch hinein.«

Grusel
Der Schriftsteller Eugen Roth besuchte während des 3. Reichs einmal den Gruselkeller Valentins, in dem es auch eine Wasserleiche, einen verhungerten Sträfling und Folterszenen zu sehen gab. Roth fand das gar nicht lustig und erinnerte Valentin an die Untaten in den Konzentrationslagern. Valentin meinte nur: »So!« Kurze Zeit später begegneten sich die beiden wieder und Valentin erzählte Roth: »Sie, weil Sie gsagt ham, daß Ihnen mein Gruselkeller net gfallt – am selben Nachmittag noch war der Gauleiter Wagner da, was meinen S', wia der glacht hat! I hab ihm des erzählt, der Doktor Roth, hab i gsagt, der hat sich aufgregt, so was, hat er gsagt, braucht ma jetzt net künstlich macha, wo's doch in Dachau und so an der Tagesordnung ist.« Eugen Roth blieb fast das Herz stehen und er wußte nicht, ob es sich dabei nicht nur um einen der makaberen Scherze des Komikers handelte.

Der Friedensengel
Vom Friedensengel in München löste sich kurz vor Beginn des 2. Weltkriegs die Verschraubung eines Flügels. Als Valentin davon hörte, sagte er: »Verdenkn kann i des dem net, daß er d' Flügl hänga laßt?«

Die Guillotine
1933 stellte Valentin in seinem Panoptikum die maßstabsgetreue Nachbildung einer Guillotine auf, die er später in seinem Planegger Garten plazierte. Als Hausenstein fragte, warum er so etwas im Garten habe, meinte Valentin: »Wissen S', Herr Doktor, daß's Enkelkind was zum Spielen hat. San fei zwoahundert Personen damit köpft wordn.«

Alles oder nichts
Ende der dreißiger Jahre wollte Karl Valentin seine umfangreiche, einmalige Altmünchner Bildersammlung plötzlich für hunderttausend Mark verkaufen – und dies ausgerechnet an Adolf Hitler, den er gar nicht leiden konnte. Hitler war überraschenderweise bereit zu zahlen, allerdings unter der Bedingung, daß der Komiker das Geld nicht für eine Filmproduktion verwenden dürfe. Die »Elendstendenzen« in einigen Valentin-Filmen waren Hitler nämlich ein Dorn im Auge. Valentin war damit nicht einverstanden. Nun bot ihm Hitler dreißigtausend Mark in bar und eine lebenslängliche Rente von monatlich 1000 Mark. Da meinte Valentin zu dem Vermittler Heinrich Hoffmann: »Sagen S' dem Herrn Führer einen schönen Gruß, wenn er mir die hunderttausend Mark net auf einmal gibt, dann soll er sich sein Geld am Huat aufisteckn. I bin wie er – alles oder nichts!« Es blieb beim nichts.

Valentin und der 2. Weltkrieg

Fallschirmspringen
Valentin las einmal während des Krieges in der Zeitung etwas über Fallschirmspringer. »Naa«, brummte er, »ich kann mir net vorstelln, daß jemand mit dem Fallschirm abspringen mag, wo doch das Abspringen aus einer fahrenden Trambahn schon so gefährlich ist.«

Ängste
Bei einem Fliegeralarm während des Krieges ging Valentin nicht in den Keller, sondern nach oben. Er meinte: »Wenn ich unten bin, dann hab ich immer solche Angst, daß ich nach oben falle . . .«

Zeiten sind das!
Während des Krieges seufzte Valentin: »Zeiten san des! Am liabsten tät i mit einer Rotkreuz-Armbindn auf d' Bühne geh.«

Schlechte Aussichten
Valentin klagte einem Gastwirt, daß es den Deutschen gegenwärtig nicht besonders gut gehe. »Die Zukunft«, meinte er, »war früher auch besser.«

Fliegeralarm
Als im Krieg Fliegeralarm gegeben wurde, wartete auch Valentin auf das, was da kommen würde. Nach einer halben Stunde waren immer noch keine feindlichen Flieger da. Valentins Kommentar dazu: »Es werd dene am End doch nix passiert sei?«

Winterhilfe
Im 3. Reich las Valentin einmal einen Plakataufruf zur Winterhilfe, der mit den Worten endete: »Kein Deutscher darf hungern und frieren.« »Was«, grantelte Valentin, »derf ma des jetz auch schon nimmer?«

Das Foto
Gegen Ende des 2. Weltkriegs schickte Valentin seinem Komikerkollegen Weiß Ferdl ein Foto von sich. Darauf ist sein nur mit Badehose bekleideter ausgemergelter Körper zu sehen. Auf seinem Kopf sitzt ein Schiffhütchen aus Zeitungspapier. Er steht da mit hängenden Mundwinkeln und ebensolchen Schultern und Armen, mit eingeknickten Beinen und einem Holzschwert in der Hand. Auf die Rückseite des Fotos schrieb Valentin: »Solange Deutschland solche Männer hat, ist es nicht verloren.«

Das neue Jahr
Nach dem Krieg fragte eine junge Reporterin Valentin, wie nach seiner Ansicht das neue Jahr aussehen werde. Valentins Antwort sah so aus: »Wird's wieder so, wie's gwesn is, is's recht. Wird's nicht mehr so, so wird's anders, dann wird's schon so sein müssen. Warum regen wir uns dann jetzt schon darüber auf, ob's so wird oder so.«

Soldaten
Valentin kam im Wirtshaus mit einem Mann ins Gespräch: »So, Sie san also aa im Kriag draußn gwesn?« Der Mann nickte: »Freilich, und Sie auch?« »Natürlich«, erwiderte Valentin, »aber wundern tut's mich, daß wir uns net gsehn ham, da draußen.«

Parteien
»Jede Partei is gegen was anders«, meinte Valentin einmal. »Die oane is gegen den Faschismus, die andre gegen den Bolschewismus und oane gegen den Radikalismus. Bloß gegen den Rheumatismus is no koane. Aber grad in de tät i eintretn.«

Valentin und der 1. April

Waalentin
Nicht selten wurde Valentin von Leuten als »Herr Waalentin« angesprochen, was ihm immer sichtlich mißfiel. Oft brummte er dann mißmutig: »Also, ich versteh die Leute nicht, die sagen zu ihrem Vater daheim doch sicher auch nicht Water oder zu ihrem Vogel Wogel.«

Bayerisch
Valentin hatte sein Vergnügen daran, wenn jemand des Bayerischen nicht mächtig war, ihn mit besonderen Aussprüchen noch zusätzlich zu irritieren. So sagte er einmal: »Mogarabiranodakare«. Zu guter Letzt übersetzte er dem ratlosen Gegenüber das Wortungetüm: »Des is ganz einfach, des hoaßt: Mag er ein Bier auch noch, der Karl?«

Wirzikatomoro
Mitten in einem ernsthaften Gespräch – zu einem solchen war Valentin durchaus fähig – ließ er plötzlich eigenartige Laute hören: »...arkowurti, fataulunamor, wirzikatomoro, wissen S' scho, gell...« Dann sprach er wieder ganz normal weiter.

Entschuldigung
Als sich Valentin einmal irrte, entschuldigte er sich: »Des war von mir jetzt ein irrtümlicher Tum.«

Der Fahrgast
Als Valentin in der Straßenbahn von seinem Gegenüber neugierig beäugt wurde, fing der Komiker plötzlich zu reden an: »Entschuldigen S' scho, Herr Nachbar, was glaubn S' denn zwegn der Rembremmerdeng kobiddl merenkndabbelebag kosinsky oder dem Stadt zweng die Riddrdateßtr bemmelbemm am Marienplatz? Was sagn Sie?« Als der Mann den Komiker verstört anstarrte, wiederholte der ungerührt das Kauderwelsch zum zweitenmal und dann noch zum drittenmal. Nun wollte der irritierte Fahrgast doch lieber die Tram verlassen. Da zog ihn Valentin mit dem Haklsteckn zurück und sagte schnippisch: »Gelt, so was wird's sein, meinen S' nicht auch?«

Aprilaff
Als Schreinerlehrling kam Valentin einmal zu seiner Mutter gerannt und rief: »Muatta, hol schnell an Dokta, i bin in d' Kreissäg neikomma!« Tatsächlich sah die Mutter Valentins Hand stark bluten, worauf sie beinahe in Ohnmacht gefallen wäre. Lachend rief Valentin: »Aprilaff!« und zeigte der Mutter, daß er nur ein Schwämmchen in nußbraune Beize getaucht hatte, das er mit der Hand ausdrückte, so daß eine blutähnliche Brühe zu Boden tropfte.

Valentin und die Viecher

Bobsi (I)
Seinen Hund Bobsi liebte Valentin über alles. »Wissen S', mein Bobsi tut mir ja leid«, sagte er einmal, »aber i muß ihn immer an der Leine halten. Der hat was gegen Autos. Einmal beißt er eins, und i müßat den Doktor zahln.«

Der Unterschied
Valentin konnte vieles gut unterscheiden. So kannte er auch den Unterschied zwischen einem Brief und einem Hund: »Da gibt's koan. Der Brief is adressiert – und der Hund is aa dressiert.«

Bobsi (II)
Über seinen Hund Bobsi sagte Valentin: »Der Bobsi bellt zwar sehr laut, aber dafür folgt er nicht.«

Die Dogge
Auf einem Spaziergang kam Valentin ein Mann entgegen, hinter dem eine riesige Dogge hertappte. Valentin bestaunte den Hund, schaute dann auf den Mann und fragte schließlich: »Entschuldigen S' ghörn Sie dem Hund?«

Bobsi (III)
Sein Häuschen in Planegg hatte sich Valentin angeblich nur wegen seines Hundes Bobsi gekauft. »Wissen S'«, sagte er, »das hat nämlich vier Ecken.«

Eintagsfliegen
Als Valentin erfuhr, daß es Fliegen gäbe, die nur einen Tag zu leben hätten, meinte er: »Das wär was für mich, da hätt ich mein ganzes Leben lang Geburtstag.«

Das Geschenk
Seiner Tochter Bertl wollte Valentin einmal eine Weinbergschnecke schenken, weil sie sich ein Haustier gewünscht hatte. »Siehst denn net des Haus von dera Schneckn?« erklärte er seiner irritierten Frau.

Das Schwein
Valentin wollte sich ein kleines Schwein in seinem Planegger Haus halten: »Im Keller hätten wir scho an Platz für an Stall. Z'fressen ham ma aa gnua ... Und wenn's Durst hat, kriagt's was z'saufa. A Wasser wern ma uns doch no leistn könna! Und mit'm Sekt fang ma gar net an. Und zweng der Reinlichkeit – na ja, schließlich is's a Sau.« Aus der Schweinerei aber wurde nichts.

Die Tierhandlung
In einer Tierhandlung betrachtete Valentin neugierig den Käfig mit den Kanarienvögeln. Zu einer neben ihm stehenden Kundin sagte er plötzlich: »Was sagn jetzt Sie, da is doch nix dran an an solchem Viech?« Befremdet meinte die Frau, daß bei diesen Vögeln doch der Gesang das Wesentliche sei, schließlich wären das Kanarienvögel. »Ach so«, sagte Valentin, »des san koane Kirchweihgäns. Wissen S', i hab meine Augenglasl net dabei.«

Der Flohzirkus
Als Valentin auf der Wiesn einen Flohzirkus besuchte, war er ganz fasziniert. Schließlich meinte er: »Ja, ja, so kloa müaßt ma no amal sei – und scho so vui kenna.«

Im Zoo
Als Liesl Karlstadt und Valentin 1934 den Berliner Zoo besuchten, wußte die Liesl gar nicht, wo sie bei den vielen Tieren mit dem Anschauen anfangen sollte. »Fang ma halt bei den Eintagsfliegen an«, schlug Valentin vor. »Die Krokodile werdn 600 Jahr alt. Die könn ma uns allaweil no amal anschaun, wenn ma wieder vorbeikemma.«

Vor dem Löwenkäfig
Im Tierpark Hellabrunn zog Valentin vor dem Löwenkäfig eine Orange aus der Tasche und hielt sie in die Nähe des Löwen, der gerade genüßlich an einem Riesentrum Fleisch herumbiß. »Da«, sagte er leise, aber der Löwe schien sich nicht dafür zu interessieren. »Und es wär so gsund für ihn«, sagte Valentin, »wenn er a bisserl a Obst essn tät.«

Das unheimliche Wesen
Einmal erzählte Valentin, daß er am hellichten Tag einem ungeheuerlichen Wesen begegnet sei. »Überall hat's Krallen ghabt und spitze Zähn und buschige Haar am Kopf, zum Fürchten.« Als man sich erkundigte, was er denn da gemacht habe, meinte Valentin: »Ich bin einfach weggelaufen vom Löwenkäfig im Tierpark Hellabrunn.«

Möwen
An der Isar beobachteten Valentin und Liesl Karlstadt, wie die Möwen gefüttert wurden. »Und i hab kein Stückerl Brot im Geldbeutel«, ärgerte sich der Komiker. Kurzentschlossen holte er statt dessen ein Zehnerl heraus und warf es den Möwen zu. »Da«, rief er, »holts euch selber was beim Bäcker.«

Der Kanarienvogel
Valentin brüstete sich einmal: »I hab dahoam an Kanarienvogel, der is scho 40 Jahr alt.« »A so a Schmarrn«, widersprach sein Gesprächspartner, »des kann net sein, Sie lügen. A Kanari wird höchstens 15 Jahr alt.« »Der meine is 40 Jahr«, beharrte Valentin. »10 Jahr war er lebendig und 30 Jahr is er scho ausgstopft, des san miteinander 40 Jahr.«

Der Haifisch
Als Valentin einmal auf dem Viktualienmarkt an der alten Seefischhalle vorbeiging, entdeckte er in der Auslage einen Haifisch. Da meinte er zu seinem Begleiter: »So einem Viech möcht ich nicht einmal nachts im Wald begegnen.« Beim Anblick der zahlreichen Haifischzähne konstatierte er: »Wenn der amal sei Gebiß verliert, ersetzt eahm des koa Ortskrankenkasse.«

Die Maus
Vor dem Deiglmeierhaus stand Valentin einmal und blickte auf ein Gemälde in der Auslage, wobei aus der oberen Seitentasche seines Mantels eine weiße Maus lugte, die der Komiker vorsichtig festhielt. Eine Passantin, die das sah, meinte: »O mei, is des a netts Viecherl.« »Was hoaßt da nett?« grantelte Valentin. »Mindestens a halbe Stund lang erklär ich der Maus schon dieses historische Gemälde, aber sie zeigt koa Interesse dafür.«

Die Brieftaube
Valentin soll auch Brieftauben gezüchtet haben. Einmal fuhr Liesl Karlstadt mit einer seiner Tauben nach Feldafing bei Starnberg, um sie dort zum Heimflug auszulassen. »Ich wart und wart«, erzählte der Komiker später, »aber keine Taubn fliegt in mein Schlag, Schließlich bin ich auf d' Straß glaufn und Richtung Feldafing gangen. Da seh ich von weitem plötzlich etwas am Boden krabbeln. Und wie ich näherkomm, lauft mir doch des Rabenviech zu Fuß entgegen.«

Der Dackel
Valentin sah einen Dackel auf der Straße, der übermäßig große Ohren hatte. Da meinte er: »Der Hund ist vielleicht erst zwei Jahre alt, aber seine Ohrwaschln san mindestens schon 12 Jahr.«

Die Katze
Als eines Tages Valentins schwarze Hauskatze, an der er sehr hing, nicht mehr nach Hause kam, konnte sich Valentin gar nicht beruhigen. »Jetzt hab ich«, klagte er, »direkt an Katzenjammer!«

Valentin und die Pflanzen

Gefahren für einen Garten
Valentin schwärmte einmal einem Besucher gegenüber von seinem Garten, den er in Planegg anlegen wollte. »Der wird schön werden«, meinte er, »wenn nix dazwischenkommt.« Der Besucher fragte: »Was soll denn schon dazwischenkommen?« »Ja mei«, seufzte Valentin, »die Sintflut, Lawinen, a Erdbeben. Aber des wär net amal des Schlimmste. Noch schlimmer sind die Menschen. Zum Beispiel die Hunnen. Wenn die kommen täten – vor den Hunnen hab i Angst.«

Grasmähen
Die Wiese in seinem Garten mähte Valentin äußerst ungern mit der Begründung: »Warum denn mähn? Im Urwald mäht ja auch keiner! Wachst da vielleicht nix?«

Brennesseln
Als Valentin aus seinem Garten Blumen gestohlen wurden, pflanzte er Brennesseln und erklärte bedauernd: »Die Blumenpracht ist zwar verschwunden, aber die Stehlerei hat ein Ende genommen.«

Obstbäume
Valentin vertauschte einmal in seinem Garten die Obstbäume gegen »Nichtobstbäume«. Als Begründung gab er an: »Wenn die Lausbubn 's Obst runterstehln, dann stehln sie's wenigstens nicht bei mir, sondern beim Nachbarn.«

Der Heimgarten
Einmal ließ sich Valentin den Plan eines Schrebergartens zeigen. Alles gefiel dem Komiker, der Mietpreis, die Anbaumöglichkeiten, die Erlaubnis, Tiere halten zu dürfen, nur mit der Größe hatte er Probleme: »Wissen S'«, sagte er, »ich möcht doch den Heimgarten daheim haben, aber er paßt net auf mein kloana Balkon.«

Obst
Valentin fuhr mit dem Schriftsteller Ernst Hoferichter in der Straßenbahn. Dort verspeisten sie Obst aus einer Tüte. »Wenn ich nur wüßt, was des für Früchte sind! Zwetschgen sind's net«, sprach er. Darauf Hoferichter: »Vielleicht sind's Birnen.« »Birnen? Auf keinen Fall!« rief Valentin, »eher sind's Weintrauben!« Inzwischen waren alle Fahrgäste auf die beiden aufmerksam geworden. »Vielleicht sind's Bananen«, meinte nun Valentin. »Kirschen könnten es auch sein«, mutmaßte Hoferichter. Einer älteren Frau wurde es nun zu bunt. Sie polterte los: »Ich möcht nur wissen, was die zwoa Deppn . . .« Beim Aussteigen rief Valentin der Dame zu: »Sie, Frau, jetzt wissn wir, was ma gfressn ham: an Kartoffisalat!«

Heißer Asphalt
Zu einer Geschäftsfrau, die an einem heißen Sommertag die Straße vor ihrem Geschäft mit einem Wasserschlauch abspritzte, sagte Valentin: »Des nutzt doch nix, wenn S' den Asphalt no so fleißig giaßn, da wachst trotzdem nix.«

Rosen
Valentin fragte in einem Blumengeschäft nach braunen Rosen. »Braune Rosen gibt's nicht«, klärte ihn die Verkäuferin auf. »Wenn aber a weiße Rosn in an Haufn braune Ölfarb neifallt?« gab Valentin zu bedenken.

Die Rose
Valentin kaufte von einem Blumenmädchen eine Rose und meinte: »Die Rosn is net von heit, die is ja schon ganz verhutzelt.« Das Mädchen widersprach: »Naa, naa, die is no ganz jung, des is no a Knospn.« »Aha, no a Kind«, meinte Valentin, »dann kost s' aa weniger, denn Kinder zahlen überall bloß die Hälfte.«

Valentin und das Wetter

Föhn
Valentin sagte einmal über den Föhn: »Ich spür immer den Föhn, auch wenn er nicht da ist.«

Kaltheiß
Bei glühender Hitze saß Valentin in einem Biergarten und rieb sich fröstelnd die Hände. »Ja, sagn S' bloß«, fragte ihn die Kellnerin verwundert, »is Eahna am End kalt?« »Nein, eigentlich net«, antwortete der Komiker, »aber i bin's vom Winter her so gwöhnt.«

Regen
Valentin saß in einer Wirtschaft, als ein neuer Gast kam. Der schnaufte: »Jetzt regnet's ganz fürchterlich.« Valentin fragte interessiert: »Wo? Draußen?«

Dauerregen
Als es einmal ununterbrochen regnete, seufzte Valentin: »Ja, bei so einem Wetter haben's die Tiefseetaucher halt schön. Die werden da net naß.«

Regenschirm
Ein Bekannter war sich unschlüssig, ob er seinen Regenschirm mitnehmen oder daheim lassen sollte. Da riet ihm Valentin: »Am besten, du nimmst ihn zuerst mit und dann laßt 'n da.«

Die Türe
Einmal stieg Valentin im Winter in eine Straßenbahn und ließ die Türe offen. »Tür zu!« schrie ein Fahrgast empört, »draußn is's koid!« Valentin schloß die Türe und fragte: »Moana Sie, daß's draußn jetzt wärmer is?«

Regenschirmersatz
Als es in Strömen goß, sinnierte Valentin: »A Laubfrosch wär schon zuverlässiger wia a Regenschirm, aber halt doch sehr unbequem zum Abgebn in der Garderob.«

Schneefall
Valentin fährt in der Straßenbahn. Draußen beginnt es heftig zu schneien. Da fragt der Komiker plötzlich den Schaffner: »Sie, sagen S', kann in die Trambahn der Blitz einschlagn?«

Winterquartier
Valentin liebte die Wärme und litt sehr unter der Kälte. »Ma miaßat halt«, räsonierte er, »in den langen Wintern, die wo mir ham, in der Sonnenstraß in München wohnen.«

Winterblitz
Seinem Freund Ernst Hoferichter gestand Valentin: »Im Winter fürcht ich mich, daß mich ein Blitz erschlagen könnte.« Dem Hinweis, daß es im Winter keine Gewitter gäbe, widersprach Valentin, indem er von einer Frau erzählte, die am Heiligen Abend von einem Kugelblitz erschlagen worden sei. »Ja, das ist aber eine große Ausnahme«, hielt Hoferichter ihm entgegen. »Eben«, meinte Valentin darauf, »weil es so selten ist und weil man gerade im Winter mit keinem Blitz rechnet, darum muß man zu dieser Zeit doppelt vorsichtig und ängstlich sein.«

Valentin und die Gegend

An der Isar
Als die Feuerwehr an der Isar einmal eine Rettungsübung machte, kam Valentin hinzu und fragte interessiert einen Zuschauer: »Was ist denn da los? Brennt's in der Isar?«

Der Englische Garten
Im Englischen Garten saß Valentin auf einer Bank. Eine Dame blickte sich nach einem freien Platz um. Aber alle anderen Bänke in der Umgebung waren schon besetzt. Da bot Valentin der Frau seinen Platz an. »Aber ich will Sie nicht verdrängen«, meinte die Dame. »Naa, naa«, sagte Valentin, »setzen S' Eahna nur hin, da steht sowieso a Nagel raus.«

Die Stadtrundfahrt
Einmal machte Valentin mit Liesl Karlstadt eine Stadtrundfahrt in München mit. Vermutlich wollte er Anregungen für seine Posse »Die Fremdenrundfahrt« sammeln. Valentin stellte einige seltsame Fragen und wurde erkannt. Schon stand er im Mittelpunkt des Interesses, worauf Liesl Karlstadt zu ihm sagte: »Kimm, i glaub, die lachen über dich. Mir lassen uns besser a andere Stadt zeigen.«

Am Isarstrand
Valentin saß einmal am Isarufer. Ein Spaziergänger erkannte ihn und fragte: »Ja, worauf warten Sie denn, Herr Valentin?« »Aufs nächste Hochwasser«, knurrte der Komiker.

Auf dem Marienplatz
Die Mariensäule auf dem Münchner Marienplatz war während des Krieges gegen Bombensplitter mit einem festen Gerüst geschützt. Valentin, der das sah, meinte: »A *grüstliches* Denkmal unter am Grüst.«

In der Isar
Valentin gab einem Freund in der Isar Schwimmunterricht. Da das Wasser tief und reißend war, hatte Valentin seinen Schüler mit einem Strick um die Brust gesichert und konnte ihn oft nur mit großer Anstrengung halten. Am Ende des Kurses seufzte Valentin: »Jetzt, wenn der Strick grissn wär, nacha waarst verlorn gwesn, denn i kann net schwimma.«

Am Sendlinger Torplatz
Karl Valentin und Liesl Karlstadt fuhren mit der Straßenbahn am Sendlinger Torplatz vorbei, wo aus einem herrlichen Blumenrondell eine hohe Wasserfontäne in die Luft stieg. Aufgeregt deutete Valentin darauf und rief: »Da, schau naus, a Mords Wasserrohrbruch!«

Die Bavaria
Beim Anblick des Standbilds der Bavaria meinte Valentin: »Wissen Sie schon, daß der Ferdinand von Miller die Bavaria für eine Pflanze angesehen hat? Warum? Weil er dieselbe gegossen hat.«

Die Wegbeschreibung
Von einem Fremden wurde Valentin nach dem Weg zum Hofbräuhaus gefragt. Der Komiker beschrieb ausführlich, wenn auch umständlich den Weg und sagte zum Schluß: »Und wenn S' Eahna nimmer auskenna, dann fragn S' nochmal, und wenn niemand kommt, dann kehrn S' um und fragn mich nochmal.«

Bavaria und Hofbräuhaus
Als Valentin und Liesl Karlstadt in der Trambahn fuhren, zeigte der Komiker auf zwei Fabrikschlote: »Des is die berühmte Bavaria!« Liesl Karlstadt spielte mit. Sie deutete auf eine kleine Wirtschaft und sagte: »Ui, schau, des is des berühmte Münchner Hofbräuhaus am Platzl!« Schließlich klärte sie ein mitfühlender Herr darüber auf, daß sie sich in einem Irrtum befänden und die beiden Sehenswürdigkeiten sich ganz woanders befänden. Darauf meinte Valentin: »Was, woanders aa no?«

Das Siegestor
Zu einem amerikanischen Offizier, den Valentin nach dem Krieg traf und der sein Bedauern darüber ausdrückte, daß das Siegestor in München so sehr durch Bomben beschädigt worden sei, meinte Valentin: »Des macht nix. Mir ham's sowieso scho lang nimma benutzt.«

Die Bavaria
Bei strömendem Regen spazierte Valentin unterm Schirm über die Oktoberfestwiese und besprach mit dem Regisseur Rolf Raffé das Drehbuch zu dem Film »Das verhängnisvolle Geigensolo«. Vor der Bavaria blieb er plötzlich stehen und meinte versonnen: »Diese schöne Frau, dieses herrliche Weib von Gottes Gnaden, der verdanke ich meine Ideen. Ich bin aber nie dazu gekommen, sie für zwanzig Pfennig zu besteigen.«

Frauenkirche
Einmal wollte Valentin einen Turm der Frauenkirche besteigen. Als er an der Kasse erfuhr, daß der Eintritt 20 Pfennig kosten sollte, meinte er: »Was, so teuer? Für einmal runterschauen? Und was kost's Hinaufschaun?« fragte er weiter. »Nix«, war die Antwort. »Na ja, da drüber könnt ma redn – wenn's einmal soweit is. Bloß heut hab i net Zeit gnug.«

Auf dem Viktualienmarkt
Auf dem Münchner Viktualienmarkt erklärte Valentin eines Tages, die Fische im Bassin der Nordsee-Fischhalle seien mechanische Attrappen. Immer mehr Leute scharten sich um ihn. Einige widersprachen. Doch Valentin beharrte: »Ich hab's doch gsehn, wia die mit'm Schlüsserl aufzogn werdn. Echte Fisch tätn ja ganz anders schwimma.« Als eine lebhafte Diskussion im Gange war, zog sich Valentin grinsend zurück.

Die Ludwigstraße
Zu einer Bekannten, die Valentin traf und die ihm verriet, daß sie auf dem Weg zur Ludwigstraße sei, sagte Valentin: »So ein Zufall, in d' Ludwigstraß müassn Sie jetzt. Da war i gestern auch.«

Der Marktstand
Auf dem Viktualienmarkt saß am Blumenstand ein altes Weiberl. Valentin kam vorbei und fragte: »Sie, ist jetzt dieser Sitzplatz auch Ihr Standplatz, wenn Sie sitzen?«

Die Ludwigstraße
Valentin kaufte am 25. August (dem Ludwigstag) 1925 in einem Blumengeschäft einen herrlichen Blumenstrauß. Er legte ihn in der Ludwigstraße auf den Boden. Ein Fremder beobachtete dies und fragte Valentin, ob er ihm zu schwer sei. Da erklärte der Komiker: »Zu schwer is er mir net, ich hab ihn nur auf die Straß glegt, um ihr zu gratulieren.« »Aber, mein Herr«, schmunzelte der Mann, »einer Straße kann man doch nicht gratulieren.« Darauf Valentin: »Warum denn nicht, sie heißt doch Ludwigstraß.«

An der Bayerischen Staatsbibliothek
Als Valentin in Begleitung von Liesl Karlstadt in der Trambahn an der Bayerischen Staatsbibliothek vorbeifuhr, sahen sie die vier steinernen Figuren von Philosophen, die dort aufgestellt sind. »Wer ist denn des«, fragte die Karlstadt. Da meinte Valentin: »Des san die vier Heiligen Dreikönig.«

Das Isartor
Der Wirt der Gaststätte »Torbräu« im Tal richtete gerade seine Blumen im Fenster, als Valentin von hinten herantrat und fragte: »Sie, Herr, bittschön, was is denn des für a groß Tor da?« Er meinte das 1337 erbaute Isartor. Der Wirt, der seinen Stammgast Valentin an der Stimme erkannte, gab, ohne ihn anzusehen, zur Antwort: »Des woaß i net. Gestern war's no net da.« Valentin bedankte sich und ging weiter. Nach einigen Schritten schaute er – soviel Schlagfertigkeit anerkennend – sogar nochmals zurück.

Valentin und der Verkehr

Der Fahrkurs
Valentin machte auch einmal einen Auto-Fahrkurs. Als er von der Fahrstunde zurückkam, meldete er dem Kursleiter: »Heut habn mir leider Pech ghabt, mir habn an Flügel brochn.« »Was«, rief der Mann entsetzt, »einen Kotflügel von meinem neuen Wagen?« »Nein, nicht von ihrm Wagn«, erklärte Valentin, »einen Flügel von einem Schmetterling, mit dem mir zusammengerumpelt san.«

Der Chauffeur
Valentin konnte Auto fahren, wenn er es auch nicht gerne tat. Einmal holte er mit seinem Wagen einen Steinmetzmeister ab und sagte: »Steign S' nur ein, beim Aussteign helfen Eahna scho d' Sanitäter.«

Das Feuerzeug
Eines Tages fuhr Karl Valentin in einem kleinen Gogomobil mit. Plötzlich blieb der Wagen stehen. Der Benzintank war leer. Der Fahrer überlegte aufgeregt: »Was machen wir jetzt bloß?« Da zog Valentin ein Feuerzeug aus seiner Tasche und hielt es dem Mann mit den Worten unter die Nase: »Meinen S', daß des reicht?«

Mit dem Taxi
Valentin ließ sich mit dem Taxi ins Theater fahren. Beim Aussteigen bezahlte er. Da sagte der Taxler: »Wiederschaun, Herr Huber.« Valentin stutzte: »Aber i bin doch net der Huber, i bin doch der Valentin.« Da meinte der Taxifahrer: »Des is net möglich, weil der Valentin gibt immer reichlich Trinkgeld.«

Im Taxi
Als Valentin in ein Taxi stieg, fragte er den Fahrer: »Entschuldigen S', san Sie in a Lebensversicherung?« Als der Taxler bejahte, stieg der Komiker schnell wieder aus und meinte: »Naa, dann fahrn Sie mir zu leichtsinnig. Auf was sollten Sie noch aufpaßn? Wissen S', i kenn an Trambahnfahrer, der is net versichert, auf den kann i mich verlaßn.«

Der Transport
Kurz nach dem Krieg bat Valentin einen Kolonialwarenhändler, der einen Handkarren besaß, am kommenden Morgen für ihn einen Transport zu übernehmen. Am nächsten Morgen erschien der Mann mit dem Handkarren, aber Valentin brachte nichts zum Transportieren mit. Auf seine Frage rief Valentin: »Ja, mich solln S' zum Bahnhof fahrn!«

Auf der Autobahn
Auf der Autobahn München–Salzburg sinnierte Valentin: »Nur guat, daß d' Autobahn net ebenso breit wia lang baut werd, sonst wär's aus mit der schönen Aussicht.«

Die Zugspitze
Einmal ging es am Stammtisch um die Zugspitze, Bayerns höchsten Berg. Einer meinte: »Die ist 2000 Meter hoch.« Valentin widersprach: »3000 Meter!« Der andere protestierte: »Nix da, 2000 Meter. I war doch drobn vor 20 Jahr.« Da lachte Valentin: »Ja mei, Herr Nachbar! Vor 20 Jahr, aber heit!«

Die Autobahn
Valentin hörte bei einem Gespräch zu, bei dem es um die Autobahn ging. »Was«, staunte er, »von München bis Tegernsee ist die Autobahn lang! I hab s' noch nie gsehn. Ganz brauchat i sie aa net sehn, bloß a Stückl.« Dabei hielt er seine Hand etwa einen Meter über den Boden.

Die Rückreise
Als Valentin einmal wieder im Begriff war, von Berlin nach München zurückzufahren, meinte er zu seinem Gastgeber: »Wissen S', i wär eigentlich schon vui früher nach München zurückgfahrn, wenn i net so vui Angst vor dem Einsteign in den Schnellzug hätt.«

Versäumte Straßenbahn
Eine Passantin hatte die Straßenbahn der Linie 11 versäumt. Da es ihr sehr pressierte, riet ihr Valentin: »Des geht aa anders. Da fahrn S' jetzt mit der Neuner da und steign am Stachus in die Zweier um. Neun und zwei gibt ja elf.« Als ihn die Frau verärgert ansah, drehte sich Valentin um und brummte: »Umständlich san s' scho, die Weiber.«

Leihen
Valentin bat in der Trambahn ein junges Mädchen, das ihn verehrte: »Sie, Fräulein, können Sie mir a Zehnerl leihen?« Die junge Dame machte das gerne. Tags darauf trafen sich die beiden wieder an der Haltestelle. Valentin gab ihr das Zehnerl mit den Worten zurück: »Wissen S', i hab gestern bloß a Vierzigpfennigstück dabeighabt, und des hab i net wechseln lassen wolln.«

Schwerhörig
Liesl Karlstadt stellte sich in der Trambahn einmal taub. Valentin rief: »A scheens Wetter ham ma heut.« »Ja, ja, i fahr zum Isartor«, entgegnete die Liesl. Valentin wurde noch lauter: »A scheens Wetter ham ma heut.« »Ja, i woaß scho selber, wann i aussteign muaß.« Valentin schrie jetzt förmlich: »Naa, des mein i net. A scheens Wetter ham ma heut, weil d' Sonn so schee scheint!« Den anderen Fahrgästen tat nun die junge Frau leid, die derart schwerhörig war. Einer erzählte von einer Bekannten, die auch schwerhörig sei. Valentin fragte: »Wia lang hat denn die des scho?« »Seit zwanzig Jahr«, bekam er zur Antwort. »So, so«, sagte er, »die da hat's erst seit heut.«

Kein Auto
Von einer Vorstellung ging Valentin mit einem Mann aus dem Publikum zu seiner Stadtwohnung. Da sich der Weg hinzog, fragte der Begleiter: »Herr Valentin, Sie verdienen doch ganz gut. Haben Sie denn kein eigenes Auto?« »Nein«, antwortete Valentin, »nicht mal eine eigene Tram.«

Schilder
Valentin soll einmal in der Trambahn ausgespuckt haben. Der Schaffner fuhr ihn an und zeigte auf das Schild »Nicht in den Wagen spucken«. Da meinte Valentin: »Wenn ma des imma alles toa miaßat, was angeschriebn steht, des waar was. Schaun S' da, des Schild! Da steht drauf: ›Tragt Reformbüstenhalter.‹ Sagn S', Herr Schaffner, tragn Sie deshalb oan?«

Blick zurück
Als Valentin aus der Trambahn ausgestiegen war, rannte er nochmals zurück und schaute durchs Fenster ins Wageninnere. Der Kontrolleur fragte ihn: »Haben Sie was vergessen?« »Nein«, sagte Valentin, »i wollt mi bloß überzeugn, ob i scho ausgstiegn bin.«

Hohenschäftlarn
Valentin wollte einmal nach Hohenschäftlarn fahren. Er drückte das so aus: »I möcht zu der Kirch mit dem Gmüas oben auf de Türm – mit dene Zwiebln.«

Die Eisenbahn
Valentin stand allen Verkehrsmitteln skeptisch gegenüber, so auch der Eisenbahn. »Wissen S'«, meinte er einmal, »auf die Lokomotivführer is heut auch kein Verlaß mehr. Stellen S' Ihnen vor, der hat dahoam einen Ehestreit und steigt mit Selbstmordgedanken in die Lokomotive ein und hinter ihm sind 20 Waggons angehängt. Was da alles passieren kann! Lokomotivführer soll man net heiraten lassen. Die ghörn in so eine Art Kloster.«

Der Beruhigungstee
Valentins Angst vor Bahnreisen war bekannt. Der Regisseur Erich Engels, der ihn zu einer Fahrt nach Berlin überreden konnte, versicherte ihm, er bekäme vor Antritt der Zugfahrt einen Baldriantee zur Beruhigung. Valentin aber meinte: »Und wenn der Zug umkippt, was dann? Hilft der Tee gegen 's Umkippen auch?«

Hauptbahnhof
Im Münchner Hauptbahnhof fragte Valentin einen Bahnbeamten: »Entschuldigen S', könnten Sie mir mal einen Flaschenzug zeigen. Auf welchem Gleis fährt denn da einer ab?« Natürlich bekam er keine Auskunft.

Im Zug
Valentin fuhr mit einer Bekannten im Zug nach Planegg. In Gräfelfing sprang sie erschrocken auf und rief: »Sind wir schon da?« Da meinte Valentin: »Nein, erst hier. Da sind wir erst, wenn wir dort sind. Das hier ist Gräfelfing, das aber so ausschaut wie Planegg, weil's denselben Schnee und die gleichen Hypotheken auf den Dächern liegen hat.«

Der Schnellzug
Als Valentin einmal einen Schnellzug vorüberrasen sah, seufzte er: »Einmal in meim Leben möcht i ganz langsam in am Schnellzug fahrn.«

Das Thermometer
Valentin fuhr im Winter mit dem Vorortzug München–Gauting. Plötzlich fragte er die Fahrgäste: »Hat niemand einen Thermometer dabei?« Die einen schauten ihn verwundert an, die anderen schüttelten verneinend den Kopf. »So ein Leichtsinn«, raunzte Valentin, »bei der Temperatur. Da weiß ja keiner, wann er erfrieren muß.«

Nichtraucher
In einem Nichtraucherabteil eines Zuges sagte Valentin zu einem Mann, der gerade im Begriff war, sich eine Zigarre anzuzünden: »Also, wenn Sie hier im Wagen rauchen wollen, müssen Sie entweder die Zigarre ausmachen oder hinausgehen.«

Raucherfrage
In einem Nichtraucherabteil der Eisenbahn sprach Valentin einen Fahrgast an: »Das ist schon komisch, daß niemand weiß, ob ein Nichtraucher, der nicht raucht, ein Raucher ist oder ein Nichtraucher.«

Füße hoch!
Einmal fuhr Valentin mit seiner ältesten Tochter Gisela im Zug von Starnberg nach München. Im Abteil zog er plötzlich die Beine hoch auf den Sitz, wobei er diese Aktion folgendermaßen begründete: »Wenn der Zug eventuell mit einem anderen z'sammstoßt, dann quetscht doch der Aufprall sämtliche Sitzbänk aneinander. Deswegen nehm ich meine Füaß hoch, damit wenigstens dene nix passiert.«

Absage
Kurz vor einer zugesagten Eisenbahnfahrt nach Berlin schickte Valentin ein Telegramm: »Mag net. Ich möcht in München sterben.«

Die Zahnradbahn
Auch Zahnradbahnen waren Valentin nicht geheuer. »Wenn da den Lokomotivführer unterwegs der Schlag trifft!« gab er zu bedenken. Man erklärte ihm, daß dann ein Ersatzmann für den ausgefallenen Fahrer einspringen würde. »Wenn den aber auch der Schlag trifft?« ängstigte sich Valentin weiter. Man beruhigte ihn, daß zwei schon nicht gleichzeitig vom Schlag getroffen würden. »Es braucht ja nicht gleichzeitig sein«, wandte Valentin ein, »der Schlag kann sie ja hintereinander treffen.«

Rettungsboote
Einmal zweifelte Valentin die Sicherheit von Rettungsbooten an. »Wenn der Kapitän sagt: Im Ernstfall haben wir ja Rettungsboote auf dem Schiff – warum fahrt er dann net glei mit den Rettungsbooten?«

Wellen
Liesl Karlstadt fragte einmal: »Du, Valentin, wo kommen eigentlich die Wellen im Starnberger See her?« Valentin erklärte ihr: »Paß auf, das ist so: Wenn das Wasser recht kalt ist, erkälten sich die Fische und müssen sehr viel husten. Durch diese Erschütterungen des Wassers entstehen an der Oberfläche des Sees die Wellen.«

Schiffe
Valentin stand Schiffen skeptisch gegenüber. Er meinte: »Etwas, das untergehen kann, ist immer etwas Unsicheres. Zum Beispiel ein Kahn. Ausgenommen sind Rettungsboote oder Unterseeboote, die leben ja davon, daß sie nicht untergehen.«

Der Zeppelin
Als Valentin über München einen Zeppelin fliegen sah, rief er: »Das muaß furchtbar sei, wenn so ein Luftschiff untergeht.« Ein Passant widersprach ihm: »Aber ein Luftschiff geht doch nicht unter, das stürzt ab.« »So«, meinte Valentin, »wenn der da droben aber in den Starnberger See abstürzt, meinen S', daß er dann net untergeht?«

Das Flugzeug
Valentin erfuhr einmal, daß es ein Flugzeug gäbe, das automatisch und ohne Besatzung fliegen könne. »Was Sie net sagn!« rief er begeistert. »Sehn S', da tät i mi aa mitfliagn traun, wenn i net dabei sei miaßat.«

Valentin und das Reisen

Wien
Als Valentin ein Engagement nach Wien erhielt, lehnte er mit der Begründung ab: »Ja mei, was tua i in Wien? I hab mei Frau, mei Schwiegamuatta, mei Hunderl, mei Freundin und meine Schuldn in München. Was tät i da in Wien?«

Die Karte
Als Valentin einmal doch nach Wien kam, wo er zu einem Auftritt ins Leopoldi-Wiesenthal-Kabarett eingeladen war, schrieb er sofort nach Hause: »Bitte teilt mir umgehendst mit, wieviel Uhr es in München ist.«

Nach Berlin nunter
Am Stammtisch verkündete Valentin: »I muaß demnächst nach Berlin nunter.« Jemand fragte, weshalb er »hinunter« sage, wo doch alle anderen »hinauf« sagen. »Ja, wißt ihr denn net, daß München 530 Meter höher liegt?«, fragte Valentin.

Schicksal
Als der Reisetermin nach Berlin immer näher rückte, wuchs auch Valentins Angst, daß etwas passieren könnte. Man tröstete ihn mit den Worten: »Schaun S', passieren kann hier auch was.« »Hier«, rief Valentin, »des is dann eben Schicksal! Aber i brauch doch deswegn net eigens nach Berlin fahrn.«

Im Gebirge
Auch in den Bergen fühlte sich Valentin nicht besonders wohl. »Wenn ich hier heroben Blinddarmentzündung krieg«, jammerte er, »habn s' nicht amal ein ordentliches Krankenhaus bei der Hand.«

Der Grund
Als Valentin mit Liesl Karlstadt nach einigen Wochen Berlinaufenthalt nach München zurückgekehrt war, meinte er: »Nach Berlin san mir zwoa nur gfahrn, weil mir uns vier Wochen aufs Hoamfahrn freun habn kenna.«

Nach Afrika
Reisen haßte Valentin wie die Pest. »Ein bekannter Freund von mir«, erzählte er zu diesem Thema einmal, »macht jetzt eine Weltreise nach Afrika hinter zu de Wildn. Er wollt mich sogar mitnehmen. Geh weiter, hab ich gsagt, meinst, mir grausts vor nix? Das einzige, was mich an Afrika wirklich interessiern tät, wär a vegetarischer Menschenfresser.«

Reisen
Als Valentin einmal gefragt wurde, wohin er schon überall gereist sei, meinte er: »Ach, ich hab schon die ganze Welt bereist außer Amerika, Asien, Afrika, Australien und alle anderen Gebiete.«

Valentin und Nachrichten

Die Presse
Als ein Fotograf Valentin beim Spaziergang mit seinem Hund Bobsi ablichten wollte, weigerte sich der Komiker: »Nein, nein, des mog i net. Dann hoaßts glei wieder in der Zeitung, was die Komiker für an Haufn Geld verdienen müssen, wenn sie sich schon an Hund halten können.«

Eile
Ein Reporter wollte Valentin interviewen. Der Mann schien es sehr eilig zu haben, denn er drängte sich vor. »Pressiert's Ihnen«, fragte Valentin. Der Mann bejahte. Da meinte der Komiker: »Gut, dann müßn S' an Augenblick warten.«

Die schönste Erinnerung
Ein Reporter wollte, daß ihm Valentin seine schönste Erinnerung erzähle. Er bekam folgendes zu hören: »Meine schönste Erinnerung is des, wo mi der König Ludwig entdeckt hat und mir a Theater bauen lassen wollt. Aber da is der Richard Wagner daherkemma und hat mi ausgspannt. Zwar hat der Wagner lang net so guat Bombardon blasn kenna wia i, aber er soll a bisserl besser komponiert habn wia i, und da bin i halt ausgrutscht.«

Das Interview
Von Interviews hielt Valentin nicht viel. »Die Zeitungsfragerei hab i fei dick. Die Lügerei geht auf koan alten Huat mehr«, sagte er. Zu einem Reporter, der ihn ausfragen wollte, sagte der Komiker: »Warten Sie, i hab ein dickes Buch. In dem steht alles Wichtige über mich.« Kurz darauf kam er mit einem dicken Buch zurück – es war das Adreßbuch.

Die Zeitung
Valentin gab auch eine eigene Zeitung heraus, von der es allerdings nur eine Nummer geben sollte. Wie oft sie denn zukünftig erscheine, wollten viele wissen. Valentins klare Antwort lautete: »Hie und da.«

Die Postkarte
Einem Beamten stellte Valentin überraschend die Frage: »Habn Sie mei Kartn kriagt?« Der Gefragte wußte nicht, von welcher Karte Valentin sprach. »Des hätt mi a gwundert«, meinte der Komiker, »i hab Eahna nämlich gar koane gschriebn.«

Der Brief
In einem Brief an seinen Schwiegersohn schrieb Valentin: »Wir lieben Sie alle, und trotzdem sind wir herzlich froh, wenn Sie kommen...«

Die Antwort
Valentin erhielt einen beleidigenden Brief, den er sofort beantwortete. Er schrieb:
»Ihr Schreiben liegt vor mir, wird aber gleich hinter mir liegen. Verachtungsvoll K. V.«

Die Visitenkarte
Einmal ließ sich Valentin Visitenkarten drucken, die er manchen Leuten, die ihn auf der Straße ansprachen, wortlos in die Hand drückte. Dann grüßte er und ging weiter. Auf der Karte stand: »Entschuldigen Sie, heute rede ich mit niemand. Karl Valentin.«

Das Autogramm
Schorsch Blädel, der beliebte Münchner Komiker, bekam von Valentin wohl eines der letzten und sicher originellsten Autogramme. »Herzliche Grüße – Karl Valentin«, stand auf einer Tafel Schreinerleim, die der Hobbybastler Blädel von seinem Kollegen zugeschickt bekam, weil vor der Währungsreform diese Rarität auf dem Markt nicht mehr zu haben war.

Das Kärtchen
Bat jemand Valentin um eine Freikarte für eine seiner Vorstellungen, was gar nicht so selten geschah, überreichte der Komiker dem Bittsteller ein Kärtchen mit der Aufschrift: »Freikarten ausverkauft!!! Tiefachtend Karl Valentin.«

Die Bitte
Einem Freund schrieb Valentin einen Brief aus Berlin mit der Bitte: »Mein lieber Freund, sei doch so gut, und schicke mir ein Pfund frisch gefallenen Schnee; die Berliner glauben mir nicht, daß es in München schon schneit. Schreibe aber auf das Postpaket nauf: ›Vor Wärme schützen!‹«

Telefonieren
Als sich ein Bekannter einmal über seinen Vorgesetzten ärgerte, riet ihm Valentin: »Den telefonierst jetzt an und schimpfst ihn recht z'samm – aber laß dich falsch verbinden, dann hört er's nicht.«

Die Geheimnummer
Als jemand Valentins Telefonnummer haben wollte, sagte der Komiker: »Teifi, Teifi, des geht jetzt net. Ich hab nämlich a Geheimnummer. Und wenn ich sie Ihnen geb, dann ist sie ja nimmer geheim.«

Die Anweisung
Valentin besaß tatsächlich eine Geheimnummer, die nicht im Telefonbuch stand. Er wollte nämlich nicht belästigt werden. Demjenigen, dem er diese Geheimnummer gab, bat er: »Gell, reden S' fei leise am Telefon, am besten in einer Geheimsprache, i kenn Sie ja an der Stimm.«

Valentin und Geld

Geborgtes
Valentin traf einen Bekannten, dem er vor längerer Zeit Geld geborgt hatte. »Wie lang haben wir uns eigentlich schon nimmer gsehn«, wollte der Bekannte wissen. »Seit gut 300 Mark mit Zinsen müßten's jetzt sein«, entgegnete Valentin.

Geldwechseln
Valentin ließ einen Zehnmarkschein wechseln. Er bekam dafür einige Münzen und einen Fünfmarkschein. Zuerst ließ er die Münzen, dann auch den Fünfmarkschein auf den Wechseltisch fallen. Gleich darauf ließ er den Schein nochmals fallen, wobei er angestrengt lauschte. »Hörn Sie's Frau«, sagte er dann, »der is net echt, des merk i am Klang!«

Geldnöte
Valentin kannte sich mit den Geldnöten von Künstlern aus. »Wenn einer a Geld hat«, sagte er einmal, »und ist kein Artist, des is grad so als wie . . . als wie irgendwas anderes.«

Der Geldbeutel
Als Valentin einmal seinen Geldbeutel verloren hatte, tröstete er sich: »Eigentlich bin i ja froh, daß i eahm verlorn hab. Wie leicht hätt's sein können, daß er mir einmal gstohln worden wär.«

Der Hunderter
Valentin bekannte einmal: »Sie, gestern wollt ich einen Hunderter wechseln lassen. Meinen S' ich hätt einen ghabt.«

Valentin und Eigenheiten

Mißtrauen
Valentin galt als besonders mißtrauisch. Seine Devise war: »Sicher is, daß nix sicher is. Drum bin i vorsichtshalber mißtrauisch.«

Schlechte Laune
Einmal hatte Valentin schlechte Laune. Als er gefragt wurde, was er dagegen mache, meinte er: »Dann erzähl i mir selber Witze, und über die, die i no net kenn, lach i dann am meisten.«

Duzen
Valentin hielt nicht viel davon, seine Mitmenschen zu duzen. »Denn aus Eigentrotz«, so erklärte er einmal, »sage ich selbst zu mir nicht du, sondern Sie, weil man da vor sich selber viel mehr Respekt hat als mit der Duzerei.«

Käse
Valentin hatte eine Abneigung gegen kräftigen Käsegeruch. Als sich seine Enkelin Helmi in Planegg zu Besuch aufhielt und einen Camembert verzehrte, betrat Valentin die Küche, schnupperte und fragte: »Wer hat denn da in unsere Küche geschissen?«

Hundsbua
Als Valentins älteste Tochter Gisela ihren jüngsten Sohn Ernst zu den Großeltern nach Planegg in Pflege geben wollte, wehrte Valentin entsetzt ab: »Um Gottes willen! Wenn der auch ein solcher Hundsbua wird wie ich! Tu mir das nicht an!«

Valentin und die Berufswelt

Schreinerarbeit
Valentin, der auch schreinerte, sollte für eine Kundin eine neue Zimmertüre anfertigen. Er hatte schon mit der Arbeit begonnen, als die Dame den Auftrag zurückzog. Die bereits entstandenen Auslagen wollte sie selbstverständlich bezahlen. Daraufhin stellte ihr Valentin folgende Rechnung:
»Eine Zimmertüre, nicht gemacht... 16 Mark«.

Beim Schuster (I)
Valentin trug seine Schuhe zum Schuster. Der Schuster schaute sie an und fragte: »Wie kommt das, daß der linke Absatz viel stärker abgetreten ist als der rechte?« Valentin erklärte ihm: »Vielleicht bin ich mit dem linken weiter gegangen als mit dem rechten.«

Beim Schuster (II)
Valentin brachte dem Schuster ein Paar Schuhe zum Richten. Als er fragte, wann er sie wieder abholen könne, sagte der Schuster: »In acht Tagen, Herr Valentin.« Der Komiker stöhnte: »O mei, o mei, in acht Tag erst!« Der Schuster bestätigte: »Ja, in acht Tag. Warum, brauchen Sie s' eher?« »Naa, des is's ja grad«, jammerte Valentin, »i brauch s' erst in neun Tag.«

Der Kaminbauer
Valentin hatte sich in seinem Garten auf einen Stuhl gestellt, um besser beobachten zu können, wie auf das Nachbarhaus ein Kamin aufgemauert wurde. Nach der Arbeit wollte er vom Kaminbauer wissen: »Jetzt sagn S' amal, habn Sie z'erst den Kamin baut oder erst 's Kaminloch?«

Der Schriftsteller
Ein Schriftsteller rühmte sich seiner zahlreichen Veröffentlichungen: »Was glauben Sie, Herr Valentin, was alles von mir schon gedruckt wurde?« »Mei«, sagte Valentin, »die knappe Hälfte.«

Der Regenschirmmacher
Valentin gab seinen Regenschirm zur Reparatur. Der Schirmmacher fragte ihn, wann er den Schirm denn wieder bräuchte. Valentin überlegte: »Sollte es diese Woche nicht regnen, regnet es sicher nächste Woche. Regnet es nächste Woche auch nicht, ist es nicht sicher, ob es die übernächste Woche bestimmt regnet, dann hol ich den Schirm einen Tag früher.«

Der Geheimrat
Valentin fragte einmal einen Geheimrat: »Sie, hab ich Sie nicht neulich auf der hinteren Plattform von der Trambahn troffen?« Der Geheimrat verneinte. »Dann war's vielleicht auf der hinteren Plattform von am Auto«, bohrte Valentin weiter. »Aber ein Auto«, amüsierte sich der Angesprochene, »hat doch gar keine hintere Plattform.« Darauf Valentin: »Nein??? Ich richt mich da ganz nach Ihnen, Herr Geheimrat.«

Beim Fotografen
Als ein Fotograf, der Valentin schon sehr lange kannte, kam, um ihn abzulichten, sagte der Komiker: »Geh, Sie kennen mich doch schon seit Jahren! Fotografieren S' mich doch auswendig.«

Beim Friseur
Als Valentin einst zum Friseur kam, fragte er vorsichtig: »Entschuldigen S', können Sie auch rote Haar schneiden?«

Seiltänzer
Einmal beobachtete Valentin eine Seiltänzergruppe, die hoch oben über die Isar balancierte. »Des is a idealer Beruf«, meinte er, »allerweil an der frischen Luft. De braucha net extra ins Gebirg fahrn.«

Hausmeister
An eine Hausmeisterin stellte Valentin eines Tages die bedeutende Frage: »Sagn S', wie is das eigentlich? Sie sind Hausmeisterin. Ihr Mann ist Hausmeister. Was ist da eigentlich Ihr Sohn? Is der jetzt Hauslehrling?«

Die Feuerwehr
Valentin beteiligte sich an einer Brandstelle am Gespräch der Zuschauer. »Viel zu spät kommt in solchen Ernstfällen die Feuerwehr«, erklärte er. »Schaun S', beim Theater kommen die Feuerwehrleut schon eine halbe Stund, bevor es noch gar nicht brennt! Drum passiert auch nichts. Die Feuerwehr sollt überall, wo es brennt, schon eine halbe Stund vorher da sein.«

Das Möbelhaus
Valentin erzählte einem Bekannten: »In München gibt es ein Möbelhaus, das stellt nur Möbel für Liliputaner her.« Er nannte sogar die Adresse. Als der Bekannte dort nachsah, fand er in einer Spielwarenabteilung eine Puppenküche.

Die Polizei
Über die Münchner Polizei gab Valentin folgendes Urteil ab: »Sie wirft ein zu großes Auge auf Kleinigkeiten und ein zu kleines auf Großigkeiten.«

Der Jongleur
Valentin sah einem Jongleur bei der Arbeit zu und meinte: »Das ist wirklich ein Tausendsassa . . .« Im selben Augenblick fielen dem Mann zwei Bälle zu Boden. ». . . wollt sagen ein 999sassa«, korrigierte sich Valentin rasch.

Der Boxer
Als der berühmte Boxer Max Schmeling wieder einen Sieg errungen hatte und alle voll des Lobes über dessen großartige Leistung waren, meinte Valentin trocken: »Allerdings hätt er des niemals fertiggebracht ohne Gegner.«

Valentin und Essen und Trinken

Die Halbe
Als Liesl Karlstadt in einer Wirtschaft einen kräftigen Schluck aus ihrem Halbe-Bierglas nahm, mahnte Valentin: »Geh, Liesl, benimm dich nicht so paradox. Du kannst doch nicht a Halbe auf oan Zug austrinkn.«

Der Leberkäs
Im Salvatorkeller in München gab Valentin einmal folgende Bestellung auf: »Fräulein, bringen S' mir a Maß Salvator und keinen Leberkäs dazu. Aber recht heiß soll er sein.«

Die Zigarre
Einmal wollte Valentin einen Schluck Bier aus dem Maßkrug nehmen, ohne seine Zigarre aus dem Mundwinkel zu entfernen. »Jetzt«, rief er im letzten Augenblick, »hätt i doch vor lauter Durscht bald d' Zigarrn aa mitgsuffa.«

Semmeln
Valentin ging in eine Bäckerei und kaufte zwei Semmeln. Er bezahlte sie, rührte sie aber dann nicht an. Die Verkäuferin fragte, ob er noch was wünsche. Valentin verneinte, griff aber nicht nach den Semmeln. Als die Verkäuferin wissen wollte, was denn nun noch los sei, sagte Valentin: »Da auf dem Schild steht doch: ›Das Berühren der Ware ist verboten!‹«

Bierkaffee
Valentin trank täglich gerne Bier. Einmal seufzte er vor dem vollen Glas: »Bin i froh, daß i koa Sachs net bin, denn a Halbe Bliemchenkaffee – ja, mir gangst.«

Die Einladung
Wenn Valentin jemanden zum Essen einlud, bekam der Eingeladene bisweilen zu hören: »Darf i Eahna zum Essn einladen? A Stück Hausbrot hätt ich noch da . . . Oder mögen Sie vielleicht ein Glas Sekt trinken – zu zweit?«

Der Salat
Einmal sagte Valentin in einer Wirtschaft zur Liesl Karlstadt: »Ja Liesl, du wirst den Salat doch net soo essen wolln!« Was heißt denn soo«, fragte die Karlstadt irritiert. »Ja mei, da fehlt doch die Hauptsach«, sagte Valentin, »a Serviettn ghört doch immer zu jedem Salatessen.«

Ein Stamperl Schnaps
Valentin bot einmal dem Regisseur Rolf Raffé ein Stamperl Schnaps an. Als er mit zwei gefüllten Gläsern aus der Küche zurückkam, prosteten sich die beiden zu. Schon beim ersten Schluck bemerkte der Regisseur, daß er nur reines Wasser bekommen hatte. Valentin erklärte ihm den Grund: »Sie müssen vielmals entschuldigen, Herr Raffé, in der Flasche war nur mehr ein einziges Stamperl drin, und irgend etwas mußte ich Ihnen doch anbieten.«

Guzzln
Als Liesl Karlstadt und Valentin in Berlin gastierten, besuchten sie auch eine Konditorei. Valentin verlangte: »Guzzln, bittschön.« »Wie bitte?« fragte die Verkäuferin nach. »Guzzln«, wiederholte Valentin. Das Mädchen verstand noch immer nicht. Da deutete Valentin auf ein Glas mit Bonbons und buchstabierte: »G-u-z-z-l-n!«

Mahlzeit
Valentin stand vielem skeptisch gegenüber, sogar dem Essen. »Wie oft erlebt man, daß in der Küche genäht wird. Wie leicht kann da eine Nadel ins Essen fallen. Ich danke schön für so eine Mahlzeit!«

Bohnenkaffee
Als Valentin bei Ernst Hoferichter eingeladen war und bereits an der Haustür der Bohnenkaffee zu riechen war, sagte er: »Hören Sie, wie es riecht! Das ist ja ein ohrenbetäubender Duft!«

Die Küche
Einmal besuchte Valentin eine Familie. Die Hausfrau begrüßte er in der kleinen Küche. Valentin schaute sich um und sagte: »Was, in der kleinen Küche kochen Sie? Da können S' aber höchstens oan Knödl kochen herin.«

Salz oder Zucker
Valentin wurde in einem Restaurant von einem am Tisch sitzenden Herrn gefragt: »Ist das auch wirklich Salz in dem Streuer da und nicht etwa Streuzucker?« Valentin beruhigte den Mann: »Selbstverständlich ist das Salz, das sehn S' doch schon an der Farbe.«

Die Speisekarte
Valentin saß in einem Lokal. Der Ober brachte die Speisekarte. Da fragte der Komiker unwirsch: »Wissen S' Ihr Sach net auswendig? Die Resi von meim Stammtisch braucht koa Literatur.«

Die Semmel
In einer Wirtschaft bekam Valentin einmal eine alte Semmel angeboten. Da fragte er die Bedienung: »Fräulein, wo liegt eigentlich der Ostfriedhof?« Die junge Frau erklärte ihm den Weg dorthin ganz genau, meinte aber, daß heute ein Besuch bereits zu spät sei, da der Friedhof in Kürze schließen würde. »Dann muaß i halt morgn hingehn«, meinte Valentin. »I möcht nämlich des Grab von dem Bäcker sehn, der die Semmel backen hat.«

Frühstück
Als Valentin einmal in Berlin gastierte, bestellte er zum Frühstück eine Flasche Bier. Der Kellner war pikiert: »Aber Herr Valentin, zum Frühstück trinkt man doch Kaffee, Tee oder Kakao. Kein Mensch trinkt zum Frühstück Bier.« »Ich bin ja auch kein Mensch«, gab Valentin zu bedenken, »ich bin a Bayer.«

Die Tasse
Als man Valentin beim Kaffeetrinken eine Tasse hinstellte, fragte er: »Ham S' koa größere Tassn? I mag aa die Tassn net, wo der Henkel auf der rechtn Seitn is.«

Spiegel
Während des Essens schaute Valentin einmal in den Spiegel. Liesl Karlstadt meinte: »Unterm Essen brauchst du doch net in den Spiegel schaun.« »Doch«, beharrte Valentin, »grad da – dann hab i zwoa Portionen.«

Schnaps
Ein Bekannter fragte Valentin, ob er auch Schnaps trinke. Er bekam zur Antwort: »Ja, nicht immer. Hie und da oft sehr selten.«

Lebkuchen
Zur Weihnachtszeit kaufte Valentin in der Konditorei Altmann ein Päckchen Lebkuchen. Er wurde sehr freundlich bedient. Schon im Gehen, drehte der sich um und fragte den Konditor: »Sie, entschuldigen S', is in dem Packl auch a Gebrauchsanweisung drin?«

Das Kochbuch
In einer Buchhandlung suchte Valentin ein Kochbuch. Die Verkäuferin zeigte ihm das »Regensburger Kochbuch«, »Die Wiener Mehlspeisenküche« und zuletzt »Das Kochbuch für Drei«. »Ja, das ist das Richtige«, sagte Valentin, »des geben S' mir, aber zwei Stück.« »Wieso zwei Stück?« fragte die Buchhändlerin. »Ja, wissen S'«, meinte Valentin, »mir san halt sechs Personen.«

Platzsuche
Valentin fand in einem Café keinen Platz mehr, aber nicht deshalb, weil alle Tische besetzt waren, sondern weil fast alle leer waren und er nicht wußte, wohin er sich setzen sollte. »Einer hätte gereicht«, brummte Valentin, »aber so viele.« Als er schließlich einen Platz gefunden hatte, setzte er sich dennoch nicht. »Hier gfallt's mir weniger. Ja, es heißt schon zu Recht: Dort, wo du nicht bist, dort ist das Glück.«

Leihen
Valentin fragte im Wirtshaus einen Mann, der den Komiker kannte: »Sie, ich bin finanziell in großer Verlegenheit. Könnten Sie mir aushelfen?« Der Angesprochene entgegnete: »Freilich, reichen fünfzig Mark?« Da meinte Valentin: »Ja, leicht, mir wär auch schon mit hundert geholfen.«

Vollkommenheit
Valentin nahm in einer Wirtschaft einen Gast auf seine Weise auf den Arm. Schließlich wurde es dem zu bunt: »Sie halten mich wohl für einen vollkommenen Deppen, was?« »Mei«, entgegnete ihm Valentin, »welcher Mensch is scho vollkommen.«

Sitzen erlaubt
An seinem Stammtisch in einer Wirtschaft in der Münchner Türkenstraße sagte Valentin zu dem Autor Karl Wieninger, der schon eine Weile am Tisch stand: »No, sitzn S' halt nachher nieder, vor de Maßkrüg brauchen S' net stramm stehn.«

Die Fliege
Valentin sagte im Biergarten zu einem neben ihm sitzenden Mann: »Ja, da schaun S' her, des is jetzt lustig: da schwimmt a tote Fliang im Bier, obwohl a tote Fliang doch nimmer schwimmen kann. Reinblasn hilft der auch nix mehr, aber des Bier mag i nimmer saufn. Wissen S', Herr Nachbar, solchene Kleinigkeiten bringen mich eher aus der Verzweiflung als Großigkeiten.«

Der Mantel
Als Valentin ein Lokal verließ, fragte ihn der Kellner: »Welcher Mantel ist der Ihre?« Darauf Valentin: »Der mit den zwei Ärmeln.«

Wahre Freundschaft
Im Sommer begleitete Valentin den befreundeten Schriftsteller und Fotografen Karl Kurt Wolter in einen Münchner Biergarten. Als Grund für seine überraschende Gesellligkeit gab er an: »Das tu ich aus falscher Freundschaft.«

Valentin und Festtage

Fasching
Zum Münchner Fasching meinte Valentin einmal: »Der Münchner weiß, nur einmal im Jahr ist Fasching – und da will er lustig sein, wenn es ihm auch schwerfällt. Zum Spaß mei Liaber, ist der Münchner Fasching net da, da hört sich der Spaß auf!«

Der Faschingszug
Valentin und Liesl Karlstadt beteiligten sich 1934 am Münchner Faschingszug, der von den Nazis organisiert wurde. Auf ihrem Wagen lagen eine Malerleiter, Farbkübel, verbogene Eisenteile und eine alte Lampe. Auf einem Schild stand zu lesen: »Entschuldigen S', mir san net fertig wordn.
Karl Valentin und Liesl Karlstadt.«

1. April
Am 1. April warnte Valentin Liesl Karlstadt vor dummen Aprilscherzen, indem er sagte: »Und geh nur ans Telefon, wenn ich dich anruf!«

Der Kalender
Einmal grübelte Valentin: »Seltsam, daß Pfingsten vor Ostern kommt, wenn man den Kalender von hinten liest.«

Oktoberfest
Valentin räsonierte im Dezember: »Also, wia de Leut alles übertreibn, siecht ma scho an der Wiesn. Da heißt's immer, wia gemütlich alles is und wie viel Leut draußn san. Gestern war i draußn – keine Menschenseele!« Man entgegnet ihm, daß es im Dezember natürlich nicht gerade gemütlich sei. Er solle doch mal während des Oktoberfestes vorbeischauen. »Im Oktober«, brummte Valentin, »hab i koa Zeit.«

Allein auf der Wiesn
Valentin saß spätabends auf dem Münchner Oktoberfest allein in der schon leeren Küche des Bierzelts »Bräurosl«. Seinen Maßkrug hatte er auf dem Tranchierhackstock abgestellt. Auf die Frage des Autors Karl Wieninger, warum er so ganz allein dasitze, entgegnete er: »Ja, woaßt, die Leut, die vielen, die ganze grobianische Masse.« Als Wieninger daraufhin wieder gehen wollte, hielt ihn Valentin auf: »Nein, nein, bleib, oder bleibn S' nur da, Sie sind ja keine Masse, no net amal a Menge.«

Die Wasserrutschbahn
Valentin wollte für das Münchner Oktoberfest eine Wasserrutschbahn erfinden. Als ihn jemand fragte, wie weit denn seine Erfindung schon gediehen sei, sagte der Komiker: »Also, d' Rutschbahn wär fertig, aber 's Wasser miaßt i noch erfindn.«

Der Hypnotiseur
Auf dem Münchner Oktoberfest wollte ein Magier Valentin hypnotisieren. »Sie werden jetzt schläfrig, ganz schläfrig ... Merken Sie schon was?« Valentin antwortete mit geschlossenen Augen: »Ja, ich merk was.« Aufgeregt fragte der Magier: »Und was merken Sie?« Darauf Valentin: »Daß Sie heut Zwiebeln gessn habn.«

Weihnachten
Valentin wurde von einem Freund angesprochen, warum er gestern nicht ins Stammlokal gekommen sei. »Ja, gestern«, erklärte Valentin, »ham mir daheim Weihnachten gefeiert.« »Was, gestern, am 15. Mai?« Da rief Valentin: »Mai ham mir schon? Ja, drum war der Christbaum so billig!«

Das Weihnachtsgeschenk
Einem Bekannten klagte Valentin, daß er bereits seit 14 Tagen nach einem Weihnachtsgeschenk für seine Tochter suche, aber nichts finde. »Was, bei dem Riesenangebot«, meinte der andere, »in der Stadt gibt es doch wirklich alles.« »Schon«, sagte da Valentin, »aber wo kriag i jetzt Ostereier her?«

Silvester
Valentin verbrachte Silvester 1946 oder 1947 auf einer Toilette. Ein Bekannter erklärte weshalb: »In den letzten Minuten des Jahres geht er aufs Klo. Da sitzt er dann, bis sich der Vorschußjubel fürs neue Jahr gelegt hat.«

Kaspar, Melchior und Balthasar
Am oberen Balken von seiner Wohnungstür hatte Valentin, wie an Heiligdreikönig, die drei Buchstaben K + M + B geschrieben. Als er gefragt wurde, ob er an diesen Zauber glaube, meinte er: »Des net, aber wissen S', i vergeß immer meiner Krankenkasse zum bezahln. Wenn i aber K + M + B lies, fallt mir sofort ein: Krankenkasse Muaßt Bezahln.«

Valentin und die Philosophie

Philosophieren
Einmal kam Valentin mit einem Philosophen ins Gespräch. »Zum Philosophieren«, meinte er, »muß man geboren sein, weil wenn S' net geboren sind, können S' aa net philosophieren.«

Der Sinn
Einmal war Karl Valentin mit einem Gesprächspartner recht unzufrieden: »Sie mißverstehen mich falsch, Herr Nachbar«, sagte er. »Der kurzen Rede langen Sinn müssen Sie in Erwägung ziehen, denn die Geschichte hat noch einen bitteren Haken...«

In der Kirche
Valentin, der gerne unerkannt blieb, besuchte einmal eine Klosterkirche. In dem stillen Kirchenraum flüsterte er seinem Begleiter zu: »Sehn S', da herin kommt man gar net auf die Idee.« »Auf was für eine Idee?« wollte der Begleiter wissen. »Daß ma inkognito bleibn möcht.«

Rot
Valentin wollte sich von jemanden die Farbe Rot erklären lassen. Dessen Versuch mißlang. »Machen S' Eahna koan Kummer«, tröstete ihn Valentin, »Sie täten's mir ja doch bloß falsch sagen. Für Sie wär vielleicht Rot Blau, und Sie erklären mir's Gelb, und in Wirklichkeit wär's Grün.

Schwierigkeiten
Valentin hatte ein feines Gespür für schwierige Dinge. »Schwer ist es«, sagte er einmal, »wenn man während des Sitzens aufsteht und erst dann gehen will, wenn man sich niedergelegt hat.«

Zeit ist Geld
Einem Geschäftsmann, der Valentin mit dem Sprichwort »Zeit ist Geld« kam, widersprach der Komiker: »Naa, des stimmt net. Zeit hab i gnua, aber kein Geld. Wann i soviel Geld hätt wia Zeit, dann hätt i mehr Geld wia Zeit.«

Wissen
Im Wirtshaus spielte sich einmal ein Siebengescheiter mit seinem Wissen recht auf. Als er pausierte, fragte ihn Valentin: »Wissen Sie eigentlich, daß mancher nicht weiß, was er wissen soll, obwohl er schon viel weiß und es selbst unbewußt nicht gewußt hat?«

Furcht
Als Valentin gefragt wurde, ob er sich bisweilen auch fürchte, sagte er: »Ich kenn keine Furcht, es sei denn, ich kriagat Angst.«

Einsamkeit
Oft fühlte sich Valentin einsam, was er selbst so beschrieb: »Um mich herum saß nirgends niemand – das große Schweigen rings umher war still und lautlos – meine einzige Unterhaltung war das Warten.«

Der Spiegel
Valentin stand prüfend vor dem Spiegel. Dann fragte er seinen Gesprächspartner: »Wie sehn denn eigentlich Sie mich? So a Spiegel nämlich taugt scho rein gar nix. Der zeigt mir bloß, was ich ihm zeig . . . und aa no verkehrt herum. Dahinter miaßt ma schaun könna, dahinter. Aber des is a Glück, daß ma des net kann?«

Der Traum
Selbst im Traum blieb Valentin noch Komiker. So grübelte er einmal: »Heut nacht hat's mir traamt, daß ma der Traum von vorgestern wieder eingfalln ist. Und jetzt hab i den aa wieder vergessn – und des war so ein hervorragender Traum.«

Kant
Die Bibliothek Valentins soll nur aus zwölf Büchern bestanden haben, darunter zwei eigene und zwei Adreßbücher. Einmal jedoch saß der Komiker mit dem Kunsthistoriker Wilhelm Hausenstein in einer Münchner Weinstube. Plötzlich zog Valentin ein schmales Büchlein aus der Tasche. Es handelte sich dabei, wie Hausenstein staunend bemerkte, um eine Abhandlung des Philosophen Immanuel Kant, »Von der Macht des Gemütes«. »Haben Sie bei Kant etwas gefunden?« erkundigte sich Hausenstein neugierig. »Und ob, Herr Dokta, schaun S' her, da, wo er über den Hypochonder schreibt, des hat er gspannt, da moant er mi.«

So was Ähnliches
Als Valentin von einem Bekannten erzählt bekam, was dem kürzlich zugestoßen war, meinte er teilnahmsvoll: »Siehst, so was Ähnliches ist mir auch schon passiert, nur wieder ganz anders.«

Berg und Tal
Einmal bewies Valentin, daß Berge nicht immer oben und Täler nicht immer unten liegen müssen. »Wie ich einmal am Münchner Petersturm oben war«, erzählte der Komiker, »habe ich den Turmwächter gefragt, wo denn das Petersbergl wär. ›Da unten liegt es‹, hat mir da der Mann erklärt. Ein anderes Mal bin ich in München durchs Tal gegangen, schau in einen offenen Kanalschacht hinunter und seh da einen Arbeiter stehen. Als ich ihn gefragt hab, wo das Tal wäre, meinte er: ›Da oben.‹ Das ist der Beweis, daß Berge nicht immer oben und Täler nicht immer unten liegen müssen.«

Valentin und Krankheiten

Mein Körper
Valentins spindeldürre Gestalt paßte vorzüglich zu seiner Komik. Mit Selbstironie beschrieb er sich einmal folgendermaßen: »Aus Gesundheitsrücksichten erlernte ich im Alter von zwölf Jahren die Abnormität... Kaum den Kinderschuhen entwachsen kauften mir meine Eltern größere... Mein Körpergewicht ist unwichtig, meine Größe länglich, mein Gang beweglich, mein Charakter charakteristisch, meine Haltung lächerlich und mein Hemd farbig.«

Leiden
Valentin konsultierte wie so oft in seinem Leben einen Arzt. Auf die Frage, was ihm denn fehle, meinte Valentin: »Mei Magn tuat mir weh, d' Leber is gschwolln, d' Fiaß wolln aa nimmer so recht, 's Kopfweh hört überhaupts nimmer auf, und wenn i erst anfangn tät, von mir selber zum redn, dann muaß i Eahna sagn, daß i mich aa net so ganz wohl fühl.«

Blässe
Valentin war oft recht blaß. Als ihn jemand darauf ansprach, wehrte er ab: »Blaß? I bin doch gar net blaß! Ja, als kloans Kind, da war i blaß, da ham s' mich nur mit der Schneebrilln anschaun könna.«

Angeln
Einem seiner vielen Ärzte gestand Valentin, daß ihn das Angeln ganz nervös mache. »Aber«, widersprach der Doktor, »Angeln beruhigt doch die Nerven.« »Ja, schon«, gab Valentin zu, »aber nicht ohne Angelschein.«

Wie geht's?
Auf die Frage, wie es ihm denn so gehe, antwortete Valentin einmal: »Danke sehr, besser als morgen.«

Blödsinn
Valentin kam einmal grantig von einem Arztbesuch nach Hause. Seine Frau fragte ihn: »Was war denn los? Was hat denn der Doktor gsagt?« »An so an Blödsinn scho«, wetterte Valentin, »jeden Tag soll i auf d' Nacht a warms Fuaßbad nehma und aufpassn, daß i koane nassn Füaß kriag.«

Seelenkrankheiten
Valentin unterhielt sich mit jemandem über psychische Krankheiten und wollte wissen: »Wer hat sich eigentlich als erster um die Gspinnerten gekümmert?« »Sigmund Freud«, erhielt er zur Antwort. »Was«, rief Valentin, »und für so was hoaßt einer Freud?«

Leichtgewicht
Valentin wog nach dem Krieg nach eigenen Aussagen nur noch 98 Pfund – ein Sinnbild der Fettlosigkeit. Der Komiker meinte dazu: »Fettlosigkeit? Das ist ja mein Glück! Knochenlosigkeit wäre mein Unglück, da wäre ich überhaupt nicht mehr da!«

Hypochondrie
Valentin war ein Hypochonder. Er besuchte in seinem Leben mindestens 100 Ärzte, denn er fühlte sich ständig krank. »Wissen S'«, sagte er einmal, »ein so kranker Mensch wia i hätt halt a Apotheker werdn solln. Dann wär alles einfacher mit de Tabletten und so.«

Ein guter Arzt
Max Ophüls, der Regisseur von »Die verkaufte Braut«, beobachtete, wie Valentin seinen Inhalierapparat benutzte, den er ständig bei sich trug, um sein Asthmaleiden zu lindern. »Sind Sie krank?« fragte Ophüls. Valentin bejahte. »Haben Sie einen guten Doktor?« wollte der Regisseur wissen. »Nein«, entgegnete Valentin. »Warum denn nicht?« bohrte Ophüls weiter. »Weil mir der beweisen wird, daß i gsund bin, und des mag i net.«

Die Nachfrage
Valentin erkundigte sich bei einem Bekannten, wie es ihm denn so gehe. Der antwortete: »Danke, ausgezeichnet wie immer.« Valentin staunte: »Ja, haben Sie Eahna denn noch nie krank gfühlt?« »Soweit ich mich erinnere, nie im Leben«, versicherte der Mann strahlend. Darauf meinte Valentin skeptisch: »Ja, aber des kann doch auch net gsund sein.«

Wünsche
Es ist eine bekannte Tatsache, daß Valentin krank geworden wäre, wenn er sich gesund gefühlt hätte. Auf eine Zeitungsumfrage an prominente Münchner nach ihren Wünschen antwortete der Komiker: »Erstens wünsch ich mir eine ewige unwandelbare Gesundheit und zweitens einen guten Leibarzt.«

Krankenbesuch
Ein Freund Valentins lag im Krankenhaus. Als ihn der Komiker besuchte, klagte ihm der arme Mann seine Langeweile, worauf Valentin versprach, ihm ein Buch zu schicken. Tage später traf die Lektüre ein. Es war das Münchner Adreßbuch.

Arztberuf
Einen Beruf hätte Valentin nie erlernen wollen, und zwar den des Arztes. Er meinte dazu: »Was würd i da glaubn, was i alles hätt.«

Rotblind
Valentin war rotblind. Das nahm er aber nicht tragisch: »I kann mir net vorstelln, daß oana Rot, Grün und Braun ausananderkennt. Da is doch gar koa Unterschied. Höchstens, daß eine Farb a bisserl heller und die andre a bisserl dunkler is.«

Der verstauchte Fuß
Als sich Valentin auf einer Berliner Bühne den Fuß verstaucht hatte, wurde er von Professor Sauerbruch behandelt. Tage später traf der Arzt Valentin in einem Kaffeehaus. »Wie ist das Befinden Ihres Fußes?« fragte der Professor sofort. »Dankeschön«, erwiderte Valentin, »der befindet sich unterm Tisch drunt.«

Melancholie
Einen Kritiker belehrte Valentin einmal so: »Ein Melancholiker soll i sei, schreiben Sie. Da täuschn S' Eahna! Bronchitis hab i und Rheumatismus. Aber mit der Melancholitis fehlt bei mir nix!«

Das Befinden
Immer wieder hörte Valentin die Frage, wie es ihm denn so gehe. Einmal gab er zur Antwort: »Mir geht es persönlich eigentlich nicht fast ganz gut.«

Erkenntnis
Einmal sagte Valentin zu Liesl Karlstadt: »Alt und deppert wird man im Lauf der Zeit.« Da meinte die Karlstadt: »Alt bist no net...«

Altwerden
Als jemand in jungen Jahren verstarb, meinte Valentin betroffen: »Heutzutag wird koa Mensch mehr oid. Die wo no da san, san alle von früher.«

Vaters Tod
Als Valentins Vater gestorben war, sprachen ihm seine Freunde ihr Beileid aus. Da meinte der Komiker: »Eigentlich wär des kein Grund zum Trauern. Wenn mir lang gnua glebt ham, enden mir ja alle so.«

Einfach
Valentin fuhr täglich von München nach Planegg. Als er am Fahrkartenschalter einmal gefragt wurde: »Einfach- oder Rückfahrkarte?«, gab er zur Antwort: »Ja mei, wer woaß scho, ob er am Nachmittag no lebt! Einfach, denn so konn i 's Geld net nauswerfa.«

Valentin und der Tod

Der Leichenwagen
Als Valentin einen Leichenwagen vorbeifahren sah, meinte er: »Immer wenn i so einen Wagen seh, sag i mir, daß des die einzige Fahrt is, wo ma selber nix mehr zahln muaß. Und trotzdem gfallt's mir net.«

Die Todesanzeige
Beim Lesen einer Todesanzeige, die das Ableben eines 70jährigen Polizeioberwachtmeisters meldete, brummte Valentin: »Koa Wunder, bei so am gfährlichen Beruf.«

Auf der Beerdigung
Einmal, so berichtet Willi Prager, kam Valentin zur Beerdigung eines Kollegen zu spät. Dabei geriet er irrtümlich in die Bestattungsfeierlichkeiten für ein Kind. Als er den kleinen Sarg erblickte, murmelte er erschrocken: »Jessas, hat's den z'sammgrissn!«

Grabreden
Über die Arbeit des Komikers äußerte sich Valentin so: »Wissen S', a Pfarrer tuat sich bei einer Grabrede vui leichter wia unseroana. Woana tean d' Leut vui liaba. Bis mir Komiker oan zum Lacha bringa, des is vui schwerer.«

Sterben
Valentin starb am Rosenmontag, den 9. Februar 1948. Ein Münchner Bürger legte dem Komiker nachträglich in den Mund, warum er gerade an diesem Tag gestorben sei. Er sagte: »Der Faschingsdienstag waar mir z'lustig gwesn. Des hätt i net überlebt.«

Letzte Worte
Der bekannte Münchner Schriftsteller Sigi Sommer erfand für Valentin die letzten Worte, die irrtümlicherweise nach wie vor dem Komiker selbst zugeschrieben werden. Demnach soll er vor dem letzten Schnauferer gesagt haben: »Wenn i gwußt hätt, wia schön 's Sterben is, wär i scho viel früher gstorbn.«

Seelenwanderung
Valentin hielt auch die Seelenwanderung für durchaus möglich. Er meinte dazu: »Alles möcht i werdn bei der Seelenwanderung, nur koa Kirchweihgans.«

In aller Stille
Ebenso wie sein Freund Michl Ehbauer wollte auch Valentin kein Staatsbegräbnis, sondern *a staads Begräbnis*.

Beerdigung
Als Valentin am Aschermittwoch beerdigt wurde, regnete es in Strömen. »Als die Leichenträger den Sarg die Treppe hinuntertransportierten«, schrieb das Sächsische Tageblatt, »da hatten sie es nicht allzu schwer: der Geist, den Valentin in reichlichem Maße besaß, wog nichts, und sein dürrer Körper hatte es nur noch auf 93 Pfund gebracht. Er wird wohl damit der magerste aller Engel auf der himmlischen Tanzwiese sein.«

Grabrede
Am Grabe Valentins sprach der protestantische Pfarrer Karl Helmes. Er verdrehte, eines Valentin würdig, einen Bibelpsalm, der sich dann so anhörte: »Der Herr behüte dich, . . . daß dich des Tags der Mond nicht steche noch die Sonne des Nachts.«

Nach dem Tod
Etliche Jahre nach Valentins Tod wurde der dem Komiker ebenbürtige Satz geprägt: »Valentin ist fast lebendiger geworden, seit er tot ist.«

Valentin und Valentinwitze
oder
»Könnt schon sein, daß es von mir sein könnt, wenn er von mir wär.«

Die Rede
Hitler hatte eine Rede gehalten. Tags darauf fragte jemand Valentin, wie sie ihm gefallen hätte. Valentin meinte: »Vorgestern war er besser.« »Aber vorgestern hat der Führer doch gar nicht gesprochen«, wandte man ein. Darauf Valentin: »So, so.«

Der Arzt
Valentin erzählte Liesl Karlstadt von einem Arzt, den er kürzlich konsultiert hatte. Die Karlstadt meinte: »Also, für den Mann könnt ich mich net erwärmen.« »Des brauchst du aa net«, sagte Valentin, »es reicht, wennst di für eahm erkältest.«

Gassi gehn
Als Valentin seinen Hund Bobsi Gassi führte, traf er einen Bekannten, der derselben Tätigkeit nachging. Sie kamen über ihre Hunde ins Gespräch. Der Bekannte rühmte seinen Vierbeiner: »Also, mein Cäsar hat eine ausgezeichnete Nase, der riecht mich schon auf 500 Meter.« »So«, meinte Valentin, »dann sollten S' Eahna aber wirklich mal wieder baden.«

Irgendwoher
Ein Passant redete Valentin an: »Sie, ich muß Sie von irgendwoher kennen.« »Des is leicht möglich«, gab der Komiker zu, »dort geh i nämlich öfter hin.«

Treffen
Bei Valentin meldete sich nach dem 2. Weltkrieg ein Bekannter aus der Jugendzeit und fragte den Komiker, warum er nie etwas von sich hören ließe. Da meinte Valentin: »I wollt ja schon lang mal anrufen, aber immer is was dazwischen komma – erst der 1., dann der 2. Weltkrieg...«

Die Fliege
Einmal war Valentin eine Fliege in seinen Maßkrug gefallen. Sofort fischte er sie aus dem Bier heraus und rief: »Spuckst as net glei aus, du versoffenes Viech!«

Tragödie
Valentin hatte im Theater Schillers Tragödie »Die Jungfrau von Orléans« gesehen. Als er gefragt wurde: »Und wie war es?« sagte er: »Na ja, man lacht halt.«

Pünktlichkeit
Valentin erschien wieder einmal zu spät zu einer Filmaufnahme. Verärgert fragte der Regisseur: »Weshalb kommen Sie denn so spät?« »Weil i net früah gnua von dahoam wegganga bin«, antwortete Valentin. »Und warum haben Sie das nicht getan?« wollte der Regisseur wissen. Valentin zuckte mit den Schultern und meinte: »Wia i des toa wollt, war's scho z'spät dafür.«

Die Klarinette
Valentin stand mit seinem Klarinettenkasten an der Trambahnhaltestelle. »Spielen Sie Klarinette?« fragte ihn beiläufig ein Passant. Darauf Valentin: »Nein, hörn Sie was?«

Der Hut
Ein Mann zog vor Valentin grüßend den Hut. »Ein heller Kopf«, sagte der zu Liesl Karlstadt. »Warum, kennst du den Herrn?« wollte die Liesl wissen. »Des net«, antwortete Valentin, »aber i hab sei Plattn gsehn.«

Beim Friseur
Nach dem Haarschnitt hielt der Friseur Valentin den Spiegel hin und fragte: »Ist es so recht, Herr Valentin?« Darauf der Komiker: »Nein, hinten etwas länger, bittschön.«

Wachträume
Valentin gestand einmal, daß er jetzt an Wachträume glaube. Liesl Karlstadt fragte ihn, weshalb. Valentin erklärte ihr: »Weil mir gestern traamt hat, daß i in der Trambahn sitz, und wia i aufwach, sitz i wirklich in der Tram.«

Ideen
Einmal wurde Valentin gefragt, bei welcher Tätigkeit ihm die besten Ideen kämen. Die Antwort lautete: »Beim Denken.«

Zugvögel
Liesl Karlstadt sagte im Herbst zu Valentin: »Jetzt fliegen die Zugvögel schon wieder nach Süden.« »Ja«, nickte Valentin, »nur die Zugpferde bleiben noch da.«

Bronchitis
Als Valentin einmal schwer schnaufte, wurde er im Theater angesprochen: »Sie haben sich aber eine ganz schöne Bronchitis geholt. Waren Sie beim Arzt?« »Nein«, gestand Valentin, »sie kam von alleine.«

Die Krawatte
Liesl Karlstadt bewunderte einmal eine Krawatte Valentins. »Scho recht«, winkte der Komiker ab, »i hab da aber am Hals oben an Knoten in der Krawattn und woaß nimma, was der bedeutn soll.«

Der Zug
Als Valentin einmal seinen Stammtisch verlassen wollte, protestierten die anderen: »Was, grad jetzt, wo mia so a Gaudi ham. Des kommt gar net in Frage.« Da sah Valentin auf die Uhr. »Na guat«, sagte er, »i geh nur kurz zum Hauptbahnhof, an Zug versama. In zehn Minuten bin i wieder da, wenn i eahm net dawischt hab.«

Die Beerdigung
An der Beerdigung eines Komikerkollegens nahm Valentin nicht teil. Als er gefragt wurde, warum er nicht gekommen sei, sagte Valentin: »Warum solltat i, er kommt ja aa net zu meiner.«

Blödsinn
Valentin wurde von einem Verehrer angesprochen, der ihm erzählte: »Also über Ihren Blödsinn muaß i oiwei lacha. Übrigens, wenn i a Dummheit gmacht hab, lach i später aa imma drüber.« »So, so«, sagte Valentin, »da führn Sie ja a recht lustigs Lebn.«

Dichter
Valentin erzählte Liesl Karlstadt: »Des war heit komisch in da Trambahn. Der ganze Wagen war voll mit Dichter.« »Wieso«, fragte die Liesl, »woher willst denn des wissn, daß des alles Dichter warn?« »Ja mei«, erklärte Valentin, »weil der Schaffner immer grufn hat: ›Dichter zusammenrücken!‹«

Zeitung
»Des is komisch«, sagte Valentin zu einem Bekannten. »Immer liest ma in der Zeitung bloß, wenn a berühmter Mensch gstorbn is. Wenn oana geborn wird, dann steht nia was in der Zeitung.«

Das Schild
Auf dem Münchner Oktoberfest war auf einem Schild zu lesen: »Achtung vor Taschendieben«. Valentin wunderte sich und sagte zu Liesl Karlstadt: »Des versteh i net, warum muaß ma vor dene Leut aa no Achtung ham?«

Namen
»Stelln S' Eahna vor«, erzählte Valentin am Stammtisch, »in Planegg wohna vier Leut. Drei hoaßn Lenz, Sommer und Herbst. Ratn S' amal, wia da vierte hoaßt?« »Winter natürlich«, sagten alle. »Nein«, erklärte Valentin, »des is ja grad des Seltsame, der hoaßt Schmied.«

Fische
Liesl Karlstadt wollte von Valentin wissen: »Du, schlafen Fische eigentlich auch?« »Ja freili«, antwortete Valentin, »sonst brauchat ma ja koa Flußbett.«

Wolkenkratzer
Ein Fotograf zeigte Valentin ein Foto: »Sehn S', das ist der höchste Wolkenkratzer in New York.« Valentin sah sich das Bild lange an. »Interessant«, sagte er, »und wann kratzt der?«

Stimmen
Einem Bekannten erzählte Valentin: »I woaß net, was mit mir los is. I hör oiwei Stimmen.« Teilnahmsvoll erkundigte sich der andere: »Ja, so was, und wann denn nacha?« Darauf Valentin: »Immer, wenn i telefonier.«

Der Hausierer
Ein Hausierer fragte Valentin, ob er ein Paar Hosenträger brauche. »Naa, dankschön«, winkte der Komiker ab, »i trag meine Hosn oiwei selba.«

Der Holzsplitter
»Sauerei«, rief ein Bühnenarbeiter, »jetzt hab i mir an Schiefer neizogn.« Da fragte Valentin: »Ham Sie sich grad am Kopf kratzt?«

Der Puls
Bei einer Untersuchung stellte ein Arzt fest: »Herr Valentin, Ihr Puls geht so langsam.« »Macht nix, i hab Zeit«, erwiderte der.

Theater
Valentin kam zu spät zu einer Theateraufführung. Der Saaldiener flüsterte: »Das Stück hat schon angefangen, bewegen Sie sich bitte ganz leise.« »Warum«, fragte Valentin, »schlaffa scho alle?«

Das Sonnenbad
Valentin war immer sehr blaß. Ein Arzt riet ihm deshalb: »Sie sollten öfter mal ein Sonnenbad nehmen.« Valentin nickte, fragte dann aber plötzlich: »Warm oder kalt?«

Hongkong
Valentin fragte einen Bekannten, der viel reiste: »Sagn S' amal, warn Sie jetzt aa scho in Hongkong?« »Nein«, gestand der. »Na müaßtn S' eigentlich an Herrn Greinlinger kenna«, vermutete Valentin, »der war aa no net in Hongkong.«

Zufall
»Verzeihung, heißen Sie zufällig Valentin?« sprach ein Passant den Komiker an. »Valentin schon«, meinte der, »aber nicht zufällig.«

Die Frage
Einmal fragte Valentin eine Frau: »Wissen Sie, wo es zum Viktualienmarkt geht?« »Nein, leider nicht«, entgegnete sie. »Also, passen S' auf«, sagte da der Komiker, »da genga S' zerst rechts, dann gradaus und dann de zwoate Querstraß links.«

Die Telefonnummer
Valentin fragte einen Bekannten nach dessen Telefonnummer. »Ach, ich kenn sie nicht auswendig« gestand der. »Vielleicht«, bohrte Valentin weiter, »wenigstens ungefähr.«

Elfenbein
Einmal wollte Liesl Karlstadt wissen: »Jetzt sag amal, warum is eigentlich Elfenbein so wertvoll?« »Ja mei«, antwortete Valentin, »weil's heutzutag koane Elfen mehr gibt.«

Langer Halt
Als einmal der Zug in Gräfelfing hielt, öffnete Valentin das Fenster und schaute hinaus. Da wurde er von einer Frau, die auf dem Bahnsteig stand, gefragt: »Sie, wie lange hält der Zug eigentlich?« Da meinte Valentin:»I kann mir vorstelln, wenn er guat pflegt werd, so zehn bis fünfzehn Jahr scho.«

Verstimmt
»Du, dei Zither is verstimmt«, machte Liesl Karlstadt einmal Valentin aufmerksam. »So«, brummte der, »über was denn?«

Dumme Fragen?
Als die Frau des Komikers einmal von einem Einkauf heimkam, fragte sie: »War wer da, wia i weg war?« »Ja«, erwiderte Valentin. »Wer?« »Ja, i halt.« »Blödsinn, i moan, ob jemand kemma is?« »Freili.« »Wer?« »Ja, wer woi? Du halt.«

Gebell
Valentins Nachbar erkundigte sich: »Ist das Ihr Hund, der die ganze Nacht bellt?« »Ja«, gab Valentin zu, »wissen S', i selba hab dafür leider koa Zeit.«

Gestorben
Valentins Frau erzählte ihrem Mann, daß jemand aus der Nachbarschaft gestorben sei. »Der Tod hat 'n im Schlaf überrascht«, sagte sie. »Furchtbar«, meinte Valentin, »na woaß er ja no gar nix davo.«

Klassik
Valentin hörte gerade klassische Musik im Radio. »Rat amal«, sagte er zu seiner Frau, »was des is.« »Beethoven?« »Nein.« »Mozart?« »Nein.« »Vielleicht Schubert?« »Der scho gar net.« »Dann woaß i's net«, sagte sie. »Mei, des is doch ganz einfach«, meinte der Komiker, »des is der Bayerische Rundfunk.«

Weiß Ferdl
Weiß Ferdl traf einmal Valentin. »Du«, sagte er, »letzte Woch hab i dich in da Trambahn gsehn.« »Und«, fragte Valentin, »war i guat?«

Die Uhr
Einmal wollte Valentin auf seine Uhr schauen. Aber er hatte sie nicht dabei. »Wo hast es denn na wieder?« wollte Liesl Karlstadt wissen. »Die is sicher scho dahoam«, meinte Valentin, »die geht oiwei vor.«

Der Wachhund
Valentin wurde gefragt, ob sein Hund Bobsi auch wachsam sei. »Wachsam«, rief Valentin, »des is gar koa Ausdruck! Der bellt ja scho, wenn i bloß von am Einbrecher traam.«

Kinderlieb
»Mag Ihr Bobsi auch kleine Kinder?« fragte eine Dame aus Planegg Karl Valentin. »Doch, auch«, antwortete der, »i gib ihm aber liaba was vom Metzger.«

Kaffee
Liesl Karlstadt gestand Valentin einmal: »Also, wenn i an Kaffee trink, kann i net schlafa.« »Bei mir«, sagte darauf Valentin, »is' grad umkehrt. Wenn i schlaf, kann i koan Kaffee trinka.«

Anonyme Briefe
Ein Bekannter Valentins klagte ihm, daß er schon des öfteren anonyme Briefe bekommen habe. Da riet ihm der Komiker: »Am besten, Sie beantworten sie gar nicht.«

Verspätung
Als Valentin wieder einmal zu einer Filmaufnahme zu spät kam und vom Regisseur darauf angesprochen wurde, meinte er: »Was wollen S' denn, so früah wia heit bin i no nia z'spät komma.«

Drohbriefe
Valentin erzählte der Liesl Karlstadt: »Du, in letzter Zeit kriag i immer Drohbriefe.« »Was«, erschrak die Liesl, »dann muaßt zur Polizei gehn.« Valentin schüttelte den Kopf: »I glaub, die wird mir da net helfn könna, de Briaf san nämlich vom Finanzamt.«

Das Gewitter
Ein nächtliches Gewitter schien Valentin einmal besonders zu ängstigen. Als ihn seine Frau beruhigte: »Des geht schon vorbei, da brauchst koa Angst ham«, widersprach ihr Valentin: »Freilich muaß ma da Angst ham, grad in der Nacht sind die Gwitter so gfährlich, weil doch der Blitz den Blitzableiter nicht sieht.«

Im Jagdgeschäft
Ungewöhnlich war es, daß Valentin auch einmal in ein Geschäft für Jagdausrüstung kam und dort eine Scheibe warmen Leberkäs verlangte. »Leberkäse führen wir nicht«, meinte der Verkäufer spöttisch, »wir haben nur alles für den Jäger.« »So«, wunderte sich der Komiker, »glauben Sie, daß a Jäger koan Leberkaas frißt.«

Das Skelett
Als Valentin einmal einen Arzt konsultierte, sah er in dessen Sprechzimmer ein Skelett in einem Glasschrank stehen. »Woher hat denn des der Doktor«, fragte er ängstlich die Sprechstundenhilfe. »Ach«, winkte die ab, »das hat er schon lange.« »Wahrscheinlich«, brummte Valentin, »war des sei erster Patient.«

Die Wurst
Einmal bestellte sich Valentin in einer Wirtschaft ein Leberwurstbrot. Nach dem ersten Bissen legte er die etwas eigenartig schmeckende Brotzeit zur Seite, rief die Bedienung und meinte: »Ich wollt eigentlich koa beleidigte Leberwurst habn.«

Das Gemälde
Ein moderner Maler zeigte Valentin ein abstraktes Werk. Er wollte wissen, welchen Namen er dem Bild geben sollte. »Nennen Sie's doch einfach ›Auf der Flucht‹.« »Wieso ›Auf der Flucht‹?« wollte der Künstler wissen. »Weil's zum Davonlaufen ist«, sagte Valentin boshaft lächelnd.

Der Spiegel
Valentin verlangte in einem Geschäft einen Spiegel. »Soll es ein Handspiegel sein?« erkundigte sich die Verkäuferin. »Nein«, antwortete Valentin, »eigentlich mehr einer fürs Gsicht.«

Radfahrer
Auf der Leopoldstraße wurde Valentin beinahe von einem Radfahrer angefahren. Der schimpfte: »Habn Sie mich denn net klingeln hörn?« Da rief ihm Valentin nach: »Doch, aber i hab gmoant, des is as Telefon.«

Der Bauchredner
Valentin und Liesl Karlstadt erlebten einmal einen Bauchredner. »Du, der is wirklich großartig«, sagte die Liesl. »Ja«, gab Valentin zu, »der redt wia eahm der Nabl gwachsn is.«

Filmstreß
Ein Nachbar traf Valentin und stellte besorgt fest: »In letzter Zeit sehen Sie immer so müde aus, Herr Valentin.« »Kein Wunder«, erwiderte der Komiker, »denken S' nur amal an die vielen Kinos, in denen i jeden Abend auftretn muaß.«

Absage
Einmal schlug Valentin eine Einladung mit den Worten aus: »Leider kann ich nicht kommen. Mir ist zum Glück in letzter Minute eine Ausrede eingefallen.«

Gras
Valentin hielt beim Einzug Hitlers in München ein Büschel Gras in der Hand und winkte. Als ihn Liesl Karlstadt fragte, was das denn solle, erwiderte Valentin: »Das soll der Führer essen, weil es doch heißt, erst wenn er ins Gras beißt, kommen wieder bessere Zeiten.«

Das Bild
Valentin hat von Hitler dessen Bild mit eigenhändiger Unterschrift bekommen. Er meinte: »Jetzt woaß i nur net, soll i ihn aufhänga oder an d' Wand stelln?«

Erkennen
Einmal sah Valentin von ferne einen Bekannten auf sich zukommen. Als sie sich trafen, sagte der Komiker: »Ah, wia i Sie von weit gsehn hab, Herr Lallinger, hab i glaubt, Sie waarn Ihr Bruder, der Metzger Lallinger. Wia S' aber näher komma san, hab i gsehn, daß Sie's selber san. Und jetzt seh i erst, daß Sie doch Ihr Bruder san.«

Große Toilette
Zu einem festlichen Empfang, zu dem auch Valentin eingeladen war, war große Toilette erwünscht. Valentin erschien mit einem Nachttopf und entschuldigte sich: »Wissen S', die große Toilette war mir einfach z'schwer.«

Der Dampfer
Valentin betrachtete ein Bild, auf dem ein Dampfer zu sehen war. Er deutete auf die vielen Rettungsringe an der Reling und meinte: »Seit wann brauchen jetzt Dampfer auch Ersatzreifen wie die Autos?«

Kopfschmerzen
Im Wirtshaus saß neben Valentin einmal ein Mann, der sich ständig den Kopf rieb. »San Sie krank?« fragte ihn schließlich der Komiker. »Ach«, gestand der Gefragte, »ich habe furchtbare Kopfschmerzen. »Ja, ja«, meinte da Valentin, »die Krankheiten greifen immer zuerst die schwächsten Körperteile an.«

Strümpfe
Einmal wollte sich Valentin ein Paar Kniestrümpfe kaufen. Er fragte die Verkäuferin: »Ich hätt gern ein Paar kurzärmelige Strümpf ghabt.«

Ein hohes Tier
Valentin erzählte einem Bekannten, daß sein Nachbar ein hohes Tier geworden sei. »Er hat jetzt sozusagn eine Schlüsselstellung kriagt.« Als der Gesprächspartner wissen wollte, was er denn geworden sei, sagte Valentin: »Hausmeister.«

Das Klavier
Liesl Karlstadt wollte einmal wissen, weshalb sich auf dem Klavier weiße und schwarze Tasten befänden. »Ganz einfach«, erklärte ihr Valentin, »die weißn Tastn san für d' Hochzeiten und die schwarzn für Beerdigungen.«

Der Schwimmer
Einmal erzählte Valentin, habe er einem Schwimmer zugesehen, der ununterbrochen zwei Stunden lang gschwommen sei. »Wie der dann aus'm Wasser gstiegn is, hat der Kerl so gschwitzt, daß er patschnaß war.«

Das Gesicht
In einer Wirtschaft wird Valentin von einer ihm fremden Person angesprochen: »Sagen Sie mal, kenne ich Sie nicht? Ich habe Ihr Gesicht schon mal woanders gesehen.« »Das kann nicht gut sein«, widersprach Valentin. »Ich trag's nämlich immer an der gleichen Stell.«

Spiegeleier
In einem kleinen Münchner Lokal ließ sich Valentin nach seinem Auftritt ein paar Spiegeleier bringen. Als ihm das Essen vorgesetzt wurde, stellte er fest: »Die Eier san da, aber an Spiegl ham S' vergessn.«

Die Auskunft
Valentin wurde von einem Touristen auf dem Münchner Marienplatz gefragt: »Kennen Sie den Weg zum Hauptbahnhof?« »Freilich kenn i den«, antwortete der Komiker und ging weiter.

Beschließen wir dieses Kapitel und damit auch das Buch mit Karl Valentins »halberzähltem Witz«:
»Da muß ich Ihnen noch schnell einen Witz erzählen. Den hat mir nämlich gestern ein Herr erzählt. – Ein guter Bekannter. Da ist Ecke Stiglmaierplatz und Zweibrückenstraße ein Herr – nein, – ein Mann – nein, – ein Herr – jetzt weiß ich nicht mehr genau, war's ein Herr oder war's ein Mann – nein, Hermann hat er gheißen! Der hätte in die Trambahn einsteign wolln, der Trambahnschaffner hat ihn aber nicht einsteigen lassen, weil der Herr einen kleinen Hund dabei gehabt hat. Ja – hat sich der Herr gedacht, wenn ich mit dem Hund nicht in die Trambahn hinein darf, dann bleibt mir nichts anderes über, als daß ich zu Fuß gehe. Nun, der Herr ist auch gegangen bis zum Stachus hinaus – die Trambahn hat er weiterfahren lassen, weil die sowieso weiter gfahrn wär. Und der Herr hat sich am Stachus drauß beim Nornenbrunnen auf die steinerne Bank gesetzt und sein Hund, mit dem er nicht in die Trambahn durfte, hat sich unter die Bank gesetzt. Also, der Herr oben, der Hund unter der Bank – weil's oder wie's so ghört. Vis-à-vis stand ein Schutzmann, der hat dies gesehen, daß der Herr sich mit dem Hund da hingesetzt hat... (Lange Pause) ... Jetzt bin ich neugierig, wie der Witz endet, denn bis daher hat mir mein Freund den Witz bloß erzählt...«

Literatur

Carstensen, Richard:
Anekdoten aus Bayern. Husum 1983.

Engels, Erich:
Philosophie am Mistbeet. Ein Karl-Valentin-Buch.
München 1969.

Fischer-Grubinger, Anne-Marie:
Mein Leben mit Karl Valentin. Rastatt 1982.

Freilinger-Valentin, Gisela:
Karl Valentins Pechmarie. Eine Tochter erinnert sich. Pfaffenhofen 1988.

Grunauer-Brug, Gusti:
Passiert is was. Valentinaden. München 1959.

Hoferichter, Ernst:
Jahrmarkt meines Lebens. München 1963.

Keller, Roland:
Karl Valentin und seine Filme. München 1966.

Kerler, Richard:
Bayern, wie es lacht. Frankfurt 1969.

Köhl, Gudrun:
Kimm, heit geh ma ins Valentin-Musäum. München 1990.

Köhl, Gudrun u. Ortenau, Erich:
99 Jahre Karl Valentin. München 1981.

König, Hannes (Hrsg.):
Karl Valentin. Was war wahr? Was wahr war? Anekdotisches. Offenbach am Main 1969.

König, Hannes (Hrsg.):
Valentin-Anekdoten. München 1979.

König, Hannes (Hrsg.):
Karl-Valentin-Anekdoten. Freiburg i. Br. 1967.

Münz, Erwin:
Karl Valentin. Weitere Anekdoten. Freiburg i. Br. o. J.

Radecki, Sigismund von:
Das ABC des Lachens. Hamburg 1953.

Ringseis, Franz u. Blum, Fritz:
In da Au, um d' Au und um d' Au rum. München 1979.

Schreiber, Hermann:
Bayern anekdotisch, München 1977.

Valentin, Bertl:
Du bleibst da, und zwar sofort. Mein Vater Karl Valentin.
München 1971.

Valentin, Karl:
Valentinaden. Ein buntes Durcheinander von Karl Valentin. München 1941.

Weiß, Ferdl:
Weiß Ferdl erzählt sein Leben. München o. J.

Wieninger, Karl:
Bayerische Gestalten. München 1981.

Wilhelm, Kurt:
Wo Gott auf Erden leben würde. Wien 1987.

Wöhrle, Dieter:
Die komischen Zeiten des Herrn Valentin. Rheinfelden 1985.

Wöhrle, Dieter (Hrsg):
Karl Valentin. Mein komisches Wörterbuch. München 1986.

Wolter, Karl Kurt:
Karl Valentin – privat. Im letzten Jahrzehnt seines Lebens
beobachtet von Karl Kurt Wolter. München 1958.

Zentner, Karl:
Dreimal zwölf mal dreizehn. Ein vergnügliches AnekdotenKaleidoskop.
München 1976.

Weitere Publikationen von Alfons Schweiggert in der Verlagsanstalt »Bayerland« Dachau

1000 starke Bayernsprüch
144 Seiten, Format 14 × 21 cm
ISBN 3-922394-71-X

Weihnachten mit Alfons Schweiggert
Geschichten, Gedichte und ein Krippenspiel
120 Seiten, Format 14 × 21 cm
Illustrationen von Petra Jakob
ISBN 3-89251-165-9

Der Lohnkutscher
Von der Kutsche zum Taxi
Bilder von Josef Wahl
108 Seiten, Format 23 × 22 cm
10 ganzseitige Farbabbildungen
ISBN 3-89251-193-4

Ein echter Bayer red't nicht viel
Die schönsten Wortkargheiten, weißblau
80 Seiten, Format 12 × 17 cm
ISBN 3-89251-028-0

Herzlichen Glückwunsch zur Geburt
Heiteres zum freudigen Ereignis
80 Seiten, Format 12 × 17 cm
ISBN 3-89251-032-6

Zum Geburtstag Glück und Segen
Weißblaue Glückwünsche
80 Seiten, Format 12 × 17 cm
ISBN 3-922394-68-X

Gratulation zum Namenstag
Weißblaue Glückwünsche für Deandln und Weiberleut
80 Seiten, Format 12 × 17 cm
ISBN 3-922394-69-8

Gratulation zum Namenstag
Weißblaue Glückwünsche für gstandne Mannsbilder
80 Seiten, Format 12 × 17 cm
ISBN 3-922394-70-1

Ein Haferl voll Glück für Dich
gefüllt mit 77 lieben Glücksbringern
80 Seiten, Format 12 × 17 cm
ISBN 3-922394-98-1

Lachen ist g'sund
Heitere Gedichte und humorvolle Geschichten von vorn bis hint'n
80 Seiten, Format 12 × 17 cm
ISBN 3-89251-015-6

Vergelt's Gott!
Wie man in Bayern Dankschön sagt
80 Seiten, Format 12 × 17 cm
ISBN 3-89251-051-2

Königlich bayerisches Ausweisbuch
Mit allen Papieren, Scheinen, Urkunden, die zu einem rechten Bayern gehören
80 Seiten, Format 12 × 17 cm
ISBN 3-89251-065-2

Bayrisches Witzkistl
300 mal gelacht
80 Seiten, Format 12 × 17 cm
ISBN 3-89251-170-5

In Vorbereitung
Winter- und Weihnachtsgeister in Bayern
Geheimnisvolle Gestalten und Bräuche von Allerseelen bis Dreikönig
ca. 120 Seiten, Format 23 × 22 cm
ISBN 3-89251-231-0

Verlagsanstalt »Bayerland« Dachau